辛弃疾传

郭瑞祥 著

华中科技大学出版社
中国·武汉

有 态 度 的 阅 读

小马过河（天津）文化传播有限公司

序　言

秋天，删繁就简，江天寥廓。他登上金陵古城的赏心亭，极目北望，山势起伏连绵，看不见中原故乡。一只孤雁飞过，凄厉哀鸣，更引起他的思乡之痛。

故土，有儿时记忆，青年热血；有父老乡亲，同宗子弟。那里沦入敌手，处在异族压迫之下，一片焦土，民不聊生。他痛彻心扉，以收复中原为平生最大抱负，而如今，白发苍苍，报国无门。

"阑干拍遍，无人会，登临意。"他怎能不潸然泪下？

他是军人。"壮岁旌旗拥万夫"，二十余岁，他聚众起义，手刃叛徒，于万军之中缚取敌军首领，率五十余骑，穿越重重防线，摆脱围追堵截，锦襜突骑，渡江南归，书写一段喋血传奇。他平叛杀寇，安定一方，建立的飞虎军，成为抗金劲旅。

他是词人。现存词作600余首，延承苏轼豪放本色，以文为词，开拓词的境界，创新词的语言，雄浑壮阔，痛快淋漓，有着强烈的震撼力量，将宋词推向新的高度。当时，许多词人聚集在他的周围，创作内容和创作风格与他接近，形成以他为代表的"辛派词人"。

他是官员。从八品签判到封疆大吏，他敢作敢为，处事果断，政绩卓著。救灾济困，减负降税，发展农商，革弊兴利，教化边民，惩治贪恶，抑制豪强，他任职之处，虽然短暂，都雁过留声，政风为之一振。时人称其"命世大才，济时远略"。

他是农夫。隐居带湖期间，耕作数十弓的泱泱稻田，并为自己取"稼轩"的别号，以此表明自己不忘农事。"人间走遍却归耕"，他把农耕作为自己最后的归宿。在这里，他听到的是"稻花香里说丰年"，看到的是"陌上柔桑破嫩芽，东邻蚕种已生些"，交往的是"鸡酒东家父老"，自己也"拄杖东家分社肉"，俨然一乡间老人。

他是爱国者。他的毕生愿望就是抗击金军，收复中原，"了却君王天下事，赢得生前身后名"。他每每登高，都遥望北方，极目中原而不见："西北望长安，可怜无数山！"

为此，他忧愁风雨，肝肠寸断："休去倚危阑，斜阳正在，烟柳断肠处。"他推崇那些历史上有名的英雄："生子当如孙仲谋。"他寄希望于朝廷北伐，希望能够亲临前线，征战沙场："醉里挑灯看剑，梦回吹角连营。"尽管仕途坎坷，白发早生，他从没有放弃恢复中原的梦想："男儿到死心如铁，看试手，补天裂！"直到生命的最后一刻，还在大喊"杀贼……"。

他工作岗位调动频繁，十八年转任十六职，因此极其不满："聚散匆匆不偶然，二年历遍楚山川"，为了工作把鞋底都磨破了好几双；他罢官归耕，调侃皇上："君恩重，教且种芙蓉"，让人想起柳永的"奉旨填词"；他埋怨朝廷不用其才："了却君王天下事，赢得生前身后名。可怜白发生"，我等到了白发，您还是没有给我机会让我扬名立万；战争还没有开打，他先说泄气话："元嘉草草，封狼居胥，赢得仓皇北顾"，预言北伐必败；他讽刺同僚追名逐利："江左沉酣求名者，岂识浊醪妙理"，更挖苦那些势利小人是转注吐酒的流器、随意伸缩的酒袋和折中调和的甘草，以及鹦鹉学舌的秦吉了。

他，就是辛弃疾。

他以气节自负，以功名自许，梦想笑驱锋镝，抗金复国。然而，他生不逢时，南宋已无力收复中原。他只有拿起毫笔,权当刀剑,在宣纸上开疆拓土。

于是,很多人淡忘了他壮岁旌旗的传奇,津津乐道于"词中飞将军"的美名。

人世间少了位金戈铁马、勋业云霄的战将,多了位震古烁今、不可一世的词人。

岁月无情,把刀剑蹉跎成毫笔。

没有谁的人生是完美的,纵然蹉跎,也曾留下精彩。

第一章
壮岁旌旗拥万夫

- 002 官虏
- 009 受学
- 019 起义
- 027 传奇
- 035 归宋

第二章
众里寻他千百度

- 044 美芹
- 055 晋谒
- 062 琴瑟
- 071 吊古
- 080 召对

第三章
醉里挑灯看剑

- 088　滁州
- 096　平寇
- 110　宦游
- 121　革弊
- 133　治荒
- 140　罢免

第四章
剩水残山无态度

- 152　稼轩
- 162　风物
- 174　佳人
- 183　唱酬
- 196　知音
- 206　鹅湖
- 215　帝师

第五章
而今识尽愁滋味

- 224 出山
- 233 帅闽
- 244 三山
- 254 陶令
- 263 止酒
- 271 游子

第六章
红巾翠袖，揾英雄泪

- 280 浙东
- 289 江湖
- 300 备战
- 311 陨逝
- 322 词宗

330 参考文献

第一章

壮岁旌旗拥万夫

· 官虏
· 受学
· 起义
· 传奇
· 归宋

官虏

> 我们可以低下高贵的头，却不能折弯坚韧的脊梁。
>
> ——题记

这些年，济南府的辛赞，内心充满矛盾和纠结。

中国人讲气节，富贵不能淫，贫贱不能移，威武不能屈。最为人愤恨和不齿的，是叛主求荣，屈身服事番邦，甘为虏奴。

后世为这类人贴上一个标签，叫"汉奸"。当时尚无汉奸一词，通常称他们为"败类"。

辛赞面临着是否要成为汉奸和民族败类的痛苦选择。

事情要从公元1126年说起。

1126年,金人携带大兴安岭的疾风暴雪,一路狂飙南下,中原狼烟四起,哀鸿遍野。次年,北宋都城东京沦陷,宋徽宗、宋钦宗两位皇帝成为阶下囚,北宋灭亡。这一年是靖康二年,所以史称靖康之耻。

宋徽宗第九子、宋钦宗异母弟赵构因当时不在东京,得以幸免于难。他在大臣的拥戴下,逃到南京应天府建立政权,后定都杭州,是为南宋。为表示不忘国耻,杭州只能称作临时都城,因此改名临安。辛赞在北宋属低品级闲官。闲官有闲官的好处,没有人跟他过不去,不会惹来太大麻烦。闲官亦有闲官的烦恼,大难临头各自飞,谁也顾不上拉他一把。

靖康之难时,没有人在意辛赞的生死去留,金国掳掠皇帝、宗室、大臣、宫妃、珍宝等,对辛赞这种闲官不屑一顾。赵构逃亡南方,这些低级别官员被其视为累赘。

辛赞如无根之萍,只好回到家乡济南府。

辛赞居住在济南府历城县,现为济南市历城区遥墙镇四凤闸村。辛家原为陇西狄道大户,后来因为做官,踪迹不定,至辛赞曾祖辈,才安居济南。

济水从太行王屋山奔流而下,潜过黄河,折路向东,它在齐鲁平原一路高歌,汹涌入海。济南府位居齐鲁大地的心脏地带，因在济水之南，故而得名。

北宋熙宁年间，黄河夺济水入海，济南变成"河南"，傍河而城，百泉分涌，遍地溪流。其南部则山峦叠嶂，峰林翠壑，别有洞天。济南府掩映于湖光山色之中，风景旖旎，赏心悦目，真乃人间仙境。

但辛赞显然无心欣赏美景。国家存亡之秋，个人何去何从，不能不使他思虑万千。

从内心来说，深受忠君爱国的儒家思想浸染的辛赞会毫不犹豫地选择赵宋政权。南宋在临安立足已稳，他当向南追随新君，共御外侮。但是辛家累世为官，在济南已历经四五代，故土难离，加上其家族旁支人口繁盛，携家南迁绝非易事，抛家别舍又于心不忍，辛赞因此忧虑。

辛家居陇西时，当地民风彪悍，辛家世代习武，不但武艺高强，而且精通军事，族人个个身强力壮。然而，辛赞的儿子辛文郁，人如其名，身体文弱，又多愁善感，郁郁寡欢，实在与辛家粗犷硬朗的家族性格格格不入。辛赞很担心儿子的身体，更不敢颠沛流离，以免遭遇不测。

经过激烈的思想斗争，辛赞决定留下来，静观其变。

正值壮年的辛赞短暂地归隐山林，徜徉济南府的烟霞林泉，处理家族事务，教导儿子习武强身，冲淡了亡国之恨，落得个淡泊清静。

穷则独善其身，达则兼善天下。中国传统文化给读书的士子们指明道路，辛赞于是效仿陶渊明，"引壶觞以自酌，眄庭柯以怡颜"。

然而好景不长，几年后，辛赞的平静生活被金国的野蛮政策碾压成齑粉。

女真起源于白山黑水的黑龙江畔，初以捕鱼狩猎为生，灭亡辽国和北宋后，采取特别措施控制中原沦陷区域。

公元 1133 年，金太宗完颜晟下令从东北迁徙大量金人移居中原，杂居于汉人之间，担任百夫长、千夫长，监视和统治汉人。这些金人，视汉人为牛马，他们没有生活来源，就大肆掠夺和侵吞汉人的土地财产，逼迫汉人做他们的佃农，给他们打长工，中原到处民不聊生。

辛家官僚出身，本自殷实，辛赞失去北宋的官职之后，把几亩薄田租出去补贴家用。如今，金人来了，掳走他家田地奴仆，辛家一下子陷入困顿，不仅失去生活来源，而且被压迫得喘不过气。

要么在黑暗中爆发，要么在暴力下屈从。生活的窘迫迫使辛赞不得不寻找新的出路。

除了做官，辛赞一无所长。对于种地，辛赞犁耧锄耙分不清。对于做生意，辛赞也无能为力。他只好重新做官。

金国迫切需要一批有经验、有能力的管理人员，来巩固对中原百姓的统治。他们对北宋故吏重新出仕求之不得，这样更有利于"以汉治汉"，收服民心。辛赞表示愿意为金国效力，受到欢迎，立即获得谯县县令这样的实职，后来又被提拔为知州、知府，先后在宿州、亳州、忻州为官，甚至迁升为开封知府。

北宋时，开封为都城，称东京，到了金朝，称开封府，为陪都。辛赞知开封府，可见他在金国的官场深受信赖，顺风顺水。

辛赞重新出仕时，北宋已灭亡十多年，但南宋朝廷尚在。他以汉人身份在金国做官，被汉族正统士人鄙视，被称为"虏官"。

若干年后，辛赞的孙子辛弃疾南归宋室，一心报国，却仍然不能摆脱人们对其出身的诟病，被称为"归正人"，一直为其他官员猜忌和排斥，不被重用。

身为汉族知识分子，辛赞的内心又何尝不是痛苦万分！用"身在曹营心在汉"形容辛赞一点都不为过。

无论在宿州、亳州、忻州，还是开封，公务之余，辛赞总爱率领族人后辈，登高望远，指点中原壮丽山川，为他们讲述前朝故事，津津于大宋繁华，激发后辈爱国之心，使他们记住自己的身份渊源。他的最大愿望，就是后辈中有人揭竿而起，呼应南宋驱除鞑虏，恢复中原，洗刷他不得不官虏仕金的奇耻大辱。

辛赞并不甘心沉沦,他以自己的方式诠释一位爱国者的忠逆情仇和民族大义。

为虏官的日子阴沉晦暗,但孙子的出世给辛赞带来了欢愉。公元1140年5月28日,南宋高宗绍兴十年,金熙宗天眷三年,农历五月十一,一声洪亮的啼哭划破四风闸的夜空,辛赞做了爷爷,辛文郁做了父亲,辛家添丁进口,辛赞恢复中原的宏愿后继有人。

辛赞为孙儿取名"弃疾","弃疾"的意思就是"去病"。汉代大将军霍去病,多次率领汉军进击匈奴,杀得敌军四散逃窜。他收服河西,占领祁连山,又深入漠北,进军两千多里,兵锋逼近今俄罗斯贝加尔湖,致使匈奴远遁,从此不敢窥视中原。辛赞希望孙子不要像儿子一样孱弱多病,要像霍去病一样成为上马击狂胡的英雄,收复失地,赶走侵略者,担当起民族复兴的伟业。

辛弃疾出生后不久,父亲辛文郁就因病去世。辛弃疾甚至想不起父亲的模样,他从小与祖父生活在一起,祖父高大健硕的身躯像一堵墙,为他遮风挡雨。祖父沉郁激越的内心又像一泓泉,给他滋养,让他萌发出民族正义和责任担当。

辛弃疾没有辜负祖父的期待,他小时候长得虎头虎脑,结实健壮,长大后更是肤硕体胖,目光有棱,红颊青眼,壮健如虎。目光如电,能够从中看到坚定和豪放;背胛有负,肌肉发达,足以肩负起国家的重任。

辛赞也把所有的精力和希望,寄托在这个聪慧而强壮的孙子身上。

受学

> 学习不仅仅是为了生活得更好,而是为了选择更有意义的道路,做出自己想要的成就。
>
> ——题记

亳州谯县是一个充满光荣与梦想的地方。

东汉末年,天下大乱,从谯县走出一代枭雄曹操和他的文臣武将,曹魏集团挟天子以令诸侯,诛袁术,灭袁绍,讨张绣,伐吕布,败马超,结束军阀割据,统一北方,建立魏朝,成就"一匡天下"的伟业。

淮河第二大支流涡河从谯县穿城而过,涡河北岸,波光柳影,烟树绿翠,是修身、养性、学习、悟道的好去处。

这里居住着名重一时的儒士刘瞻。

这一天，刘瞻刚从涡河柳岸踏青回到居处，美景历历在目，一时诗情难耐，令弟子展纸研磨，提笔写下一首七绝小诗：

桑芽粒粒破青春，小叶迎风未展成。
寒食归宁红袖女，外家纸上看蚕生。

诗歌写女子回娘家归宁，关心桑芽蚕宝的情形，充满农家初春趣味。

刘瞻自我吟诵几遍，不禁暗自得意，心想这诗即使放到前朝，也不会被人看低。纸上墨迹未干，童仆来报，谯县县令辛赞辛老爷前来拜访。

辛赞文才武艺皆通，爱结交名人志士，到谯县县令任上时间不长，就与刘瞻经常走动，二人已是老相识。刘瞻来不及收拾纸笔，辛赞爽朗的笑声已飘到了眼前。

辛赞身材魁伟，浓眉重目，神采飞扬。只见他大步流星，衣带携风走了过来，身边却跟着一个五六岁的童子，一路小跑努力跟上老辛的步伐。

寒暄过后，辛赞一眼看见案几上新写的诗句，文采书法皆至化境，遂赞叹不已，说：

"大宋太祖以来，轻武重文，文学昌盛，诗词发达，元献公晏殊、文正公范仲淹、文忠公欧阳修，以及柳屯田、苏东坡等，皆不世出之文坛巨擘。布衣百姓，也以填词作诗为荣。当今之世，中原之地，若论文章诗词，则非先生莫属。"

刘瞻哪里敢当，连忙回应："过奖、过奖。先生济南老乡，易安居士才是当世奇女子。我刚刚得到她南渡后的一些词作，不输柳耆卿、苏东坡，我正在学习呢！"

二人客套一番，辛赞说："我今天正为此事而来。"

"哦，说说看。"刘瞻道。

辛赞拉过跟来的童子，向刘瞻介绍说："这是我的小孙子，今年七岁。他父亲死得早，我把他带在身边。如今到了蒙学年龄，我想为他访求名师，正好来亳州任职，和先生有缘，不如拜在先生门下。请万勿推辞。"

刘瞻这才认真打量这个童子，只见他脸庞微胖，却有刚毅之态，目光若水，透露聪慧之韵，依偎在辛赞身边，落落大方，举止得体，真不愧为官宦子弟，书香人家出身。

刘瞻一下就喜爱上了这个童子，亲昵地摸摸他的头，问道："叫什么名字？"

"小名弃疾。"小家伙抢先答道。

"好、好，聪慧机敏，从容有据，长大必房杜之才！"

刘瞻赞道。房玄龄、杜如晦都是大唐名相，刘瞻以房、杜比拟小弃疾，夸奖他将来会成为辅弼大臣。

辛赞听后，知道刘瞻已然答应，连忙叫小弃疾磕头拜师，正式受学刘瞻。

礼毕，刘瞻又问辛赞："令孙取过表字了吗？"古人不但有名，而且有字，又称表字，文人还要有号。比如北宋头号大才子苏轼，姓苏，名轼，字子瞻，号东坡居士。眼前的老师，姓刘，名瞻，字岩老，号樱宁居士。一般来讲，小孩生下来，家中长辈为他取名。入学时，由老师为他取字。长辈称呼晚辈名，平辈称呼字。号则是文人自称，表明自己的志向情趣。

辛赞连忙请刘瞻为孙子赐字，刘瞻沉思片刻，道："名叫弃疾，是希望身体健康。我则祝这孩子一生好运，仕途顺利，就取字'坦夫'吧！"

辛赞颔首赞同。

"坦夫"这个字伴随辛弃疾近二十年，直到他南渡归宋，改字"幼安"。"幼安"表明他决心抛弃年轻时的安稳生活，积极面对残酷的政治和惨烈的人生。

拜到刘瞻门下，辛弃疾开始了正规的蒙学教育。

蒙学教育以儒学为主，上午一般学习经史子集，比如四书五经、诸子文章、《孙子兵法》、《史记》《汉书》，特别是北宋司马光的《资治通鉴》等；下午则专修作诗填词。熟读经史谓之"能"，用于经邦济世，为将来走入仕途，报效君王打下基础；作诗填词谓之"艺"，用于展现个人才华和魅力。

学习之余，祖父辛赞带着辛弃疾参观亳州三国时遗留下来的曹操地下运兵道、曹操宗族墓等遗迹。后来辛赞迁任开封知府，又带他凭吊大宋皇宫，回顾昔日东京繁华景象。

许多年后，辛弃疾还清晰地记忆起当时随祖父参观大宋皇宫的情形：

> 开元盛日，天上栽花，月殿桂影重重。十里芬芳，一枝金粟玲珑。管弦凝碧池上，记当时、风月愁侬。翠华远，但江南草木，烟锁深宫。
>
> ……

他把大宋繁华时的景象比作唐开元盛世，皇宫内桂影重重，十里芬芳，金粟玲珑。可惜，后来二帝被掳，翠华远，只剩江南草木，烟锁深宫。

这些都给少年辛弃疾带来心灵的震撼和对宋王朝的向往。

金国已经占领中原，但在辛家祖孙心中，中原仍然是大宋河山。

刘瞻是名师，辛弃疾是优等生，他在这里打下扎实的国学基础。然而由于辛赞的熏陶，辛弃疾更感兴趣的却不是经史子集、诗词歌赋，而是武艺搏击。"宁为百夫长，胜作一书生。"到抗击金军的第一线，在沙场上建功立业才是他的人生目标：

少年横槊，气凭陵，酒圣诗豪余事。

槊就是长矛。苏轼在《前赤壁赋》中，用"酾酒临江，横槊赋诗"形容曹操的豪迈气概。"少年横槊"指习练武艺。"气凭陵"指气势高昂。辛弃疾在词中回忆自己少年时，横槊舞枪，豪气干云，至于喝酒、作诗这些事情，都不值一提。

辛弃疾出身武术世家，是将门之后，"家本秦人真将种"（辛弃疾《新居上梁文》）。先祖辛武贤、辛庆忌父子皆以勇武显闻，担任西汉"破羌将军""左将军"；祖上辛云京是唐朝知名将帅。辛赞以祖业为荣，把家族希望寄托在孙子身上，教起来格外用心。辛弃疾天赋异禀，学起来得心应手。几年下来，刀枪剑戟、斧钺钩叉等十八般武艺样样精通。后来辛弃疾在词中多次提到习武练兵,如"醉里挑灯看剑""金戈铁马",绝不是虚指矫情,而是实实在在的情景再现。

辛弃疾在刘瞻门下学习五年,公元1151年,祖父辛赞迁升离开亳州,老师刘瞻也携家北上,到金国都城燕京(今北京)参加科举考试。金国灭辽之后,学习宋辽制度,开科取士。金国统治中原时间长了,中原的读书人为生计前程,渐渐屈从金国朝廷,应试进科,博取功名。刘瞻就是其中一员。

当年开科,只考辞赋一门。以刘瞻的才华,他考取进士自然不在话下。此后刘瞻在金国做官,为史馆编修,专心编写历史,赋诗作词,不问政事。

由于学业优秀,不久,辛弃疾也被济南府推荐到燕京参加全国科举考试,那一年他年仅十八岁。

辛弃疾和祖父辛赞都很珍惜这次机会,原因倒不在于科举,而是可以借此机会深入金人统治中心,窥察金人军事部署,刺探金国政治情报,为以后恢复中原做准备。

公元1157年,辛弃疾辞别祖父,告别家乡,由祖父手下一位小吏陪同,风尘仆仆来到燕京。他按照祖父嘱咐,仔细勘看沿途山川地势,打听金军军事据点,调查金国朝廷的权力斗争和内部矛盾,获得许多有价值的情报。

辛弃疾这次北上还有另外一个收获，对他的人生产生了深远的影响。

到燕京后，辛弃疾首先拜访恩师刘瞻。刘瞻非常高兴这位得意门生能够博取功名，一方面为他备考进士提供积极帮助，另一方面向他引荐燕京的文坛名宿，希望他的文学造诣能够百尺竿头更进一步。

在这里，辛弃疾有幸拜谒金国文坛第一高手蔡松年。

蔡松年，字伯坚，号萧闲老人，他的父亲蔡靖是北宋末保和殿大学士，担任燕山府守臣，兵败后降金。蔡松年曾官至金国右丞相，封卫国公。蔡松年诗文俱佳，但最拿手的还是词。金末文学家元好问评价说，百年以来，金国唯有蔡松年独步词坛。

词本是里巷之曲，流行于民间，专写儿女情长。文人们一开始看不起词，有时在写诗之余，抱着玩玩的心态，间或填词，因此词又被称为"诗余"。到了北宋，文人们开始专业作词，经过柳永、苏轼等的拓展，表现的内容和题材也更广泛，词的地位逐渐提升，成为与诗并列的重要文体。

写诗的人，几乎都作词。

辛弃疾也不例外，拿着自己的诗词习作拜谒蔡松年，蔡松年看到十几岁少年有这样的天赋，非常高兴。他悉心指导辛弃疾,鼓励他说:"你的诗歌未必能有前途,词却很有潜力,以后往词的方向发展,一定会名满天下。"

辛弃疾少年时的诗词作品未能流传下来。他南渡后的作品已经非常成熟,与蔡松年这位大词人的点化是分不开的。辛弃疾一生工于作词,很少写诗,也与蔡松年的指引有关。

这一次考试,辛弃疾落榜了,然而他并不遗憾。他增长了见识,开阔了眼界,颇有收获,他日后向南宋朝廷进言抗金之策,许多资料得益于燕京之行。更难得的是,他见教于蔡松年,终身受益。

三年之后,公元 1160 年,辛弃疾再次北上,第二次参加金国科举。这次辛弃疾榜上有名,这一年他二十一岁,成为金国最年轻的进士之一。

不幸的是,恰在这时,辛赞去世。这位把辛弃疾抚育成人、一直深刻影响辛弃疾成长的亲人,来不及看到辛弃疾大展宏图,满怀遗憾地溘然长逝。从此,辛弃疾需要扛起祖父抗金复国的遗愿,独自承担起人生的风风雨雨。

按照制度,考中进士可即刻授予官职,但父母或直接抚养自己的长辈去世,作为晚辈要为其守孝三年,不得做官,谓之"丁忧"。辛弃疾于是回到济南府,一心一意筹备抗金起义事宜。

在刘瞻处学习期间，辛弃疾结识了同学党怀英。二人聪慧颖悟，才华不相上下，是刘瞻门生中的佼佼者，时人并称"辛党"。党怀英年长辛弃疾七岁，同辛弃疾一样有着远大的理想抱负。有一次，二人卜问前程，党怀英得到"坎"卦，辛弃疾得到"离"卦。坎卦属水，意味着适合在北方谋职，离卦属火，意味着应当到南方发展。此后，二人果真分道扬镳，各奔前程，辛弃疾一心归宋，党怀英安心事金。

党怀英一度应举不得志，遂放浪山水，生活贫困，经常忍饥挨饿。公元1171年，在辛弃疾考中进士十一年，南渡归宋十年后，党怀英终于时来运转，考中金国进士。以后他顺风顺水，不但做了大官，官至翰林学士承旨、节度使，而且在文学、书法、史学上建树颇高，成为当时北方的文坛领袖。

《金史》评党怀英"当时称为第一，学者宗之"。金朝著名文学家赵秉文评价他"文似欧阳公，不为尖新奇险之语；诗似陶、谢，奄有魏晋；篆籀入神，李阳冰之后一人而已"，"古人各一艺，公独兼之，可谓全矣"。说他的文章可比欧阳修，诗与陶渊明、谢灵运比肩，篆籀八分书书法与唐代李阳冰齐名。

抛开政治立场不说，辛弃疾和党怀英，二人选择了不同道路，都做出了彪炳青史的成就。

起义

> 有一种正义，叫民族气节；有一种生活，叫金戈铁马；有一种豪情，叫壮怀激烈；有一种时光，叫峥嵘岁月。
>
> ——题记

北宋词人柳永有一首《望海潮》，写道：

> 东南形胜，三吴都会，钱塘自古繁华，烟柳画桥，风帘翠幕，参差十万人家。云树绕堤沙，怒涛卷霜雪，天堑无涯。市列珠玑，户盈罗绮，竞豪奢。

重湖叠巘清嘉。有三秋桂子，十里荷花。羌管弄晴，菱歌泛夜，嬉嬉钓叟莲娃。千骑拥高牙。乘醉听箫鼓，吟赏烟霞。异日图将好景，归去凤池夸。

这首词描绘杭州的美丽、繁华和富庶。烟柳画桥、云树堤沙、怒涛霜雪、三秋桂子、十里荷花，还有水面上泛舟嬉戏、管弦歌舞的男男女女，构成一幅风情万种的江南画卷。更让人心驰神往的是，杭州豪奢荣艳、风帘翠幕、参差人家、市列珠玑、户盈罗绮，真是人烟生聚，民物阜蕃，繁盛一时，天下至极。

柳永不会想到，他这一首慢词，竟然在一百多年后惹下祸端，引起战火狼烟，并改写了金国政治版图。

金国皇帝完颜亮偶尔听歌女唱《望海潮》，被曲中描述的壮美景象所吸引，欣然倾慕，遂起投鞭渡江之志，决定灭亡南宋，夺取杭州。

南宋绍兴三十一年（1161年），完颜亮打破金、宋以淮河为界的默契，悍然发动六十万大军，挥师攻宋。

开始的时候，金军一路高歌猛进，大败宋军，很快占领盱眙、扬州、和州，逼迫宋军退守江南。

不料，这时金国后院起火。完颜亮残暴狂傲，淫恶不堪，朝中大臣多有不满。皇室宗亲趁后方空虚，拥戴完颜雍在辽阳称帝，是为金世宗。

完颜亮本该回师讨伐"逆贼"，但他过于自信，决定先拿下南宋，再北上争夺帝位，于是强行渡江与南宋作战。

南宋节节败退，军心涣散，本来不堪一击。谁知这时冒出了个虞允文，他虽是文臣，却担当起道义，领导抵御金军的守卫之战。他收拾人心，巩固长江防线，宋军很快从败绩中清醒过来，恢复了战斗力。

反观金军，前方将士闻知后方政变，人心不稳，士气低落，金宋战斗形势很快逆转。渡江战役中，宋军严阵以待，金军伤亡惨重，以失败告终。因作战地点在采石矶，这场战役史称"采石之战"。

完颜亮倒行逆施，激起将士义愤，他的部下发动兵变，将他杀死，金军败逃。

一场倾国之战，以意想不到的结局收尾。

完颜亮南侵时，部队所过之处，一路烧杀抢掠，沿途百姓不堪其扰，民不聊生。前线兵败，辽阳兵变，金人短时间内对中原百姓无暇以顾。被金人奴役多年的契丹人和饱受压迫的汉人趁机揭竿而起，农民起义和抗金运动风起云涌。

北方众多抗金武装中，人数最多、声势最大的当数活跃于东山地区的一支农民起义军,号称天平军。天平军首领耿京,济南人,出身于陇亩之中,是地地道道的农民,因不堪金国繁重赋役,遂集结几位兄弟,以东山为根据地,开始武装抗金。天平军因为举事早,影响大,许多小股义军慕名来投,例如贾瑞在蔡州起兵,千里迢迢率众投奔,被耿京任命为总统领,实质上为天平军二号人物。远在大名府的王友直数十万人马也愿意受耿京节制。天平军一时实力大增,队伍发展到二十五万。

深怀民族仇恨的辛弃疾不会错过这次难得的机会,他鼓动族众和附近贫困潦倒的农民,聚集两千多人,毅然举起抗金起义大旗。他深知单打独斗难以有所作为,率领这两千人也投奔了天平军。

耿京种田出身,没有什么文化,偏颇地认为辛弃疾是位读书的"秀才",只适合文职,于是任命他为掌书记,做自己的机要秘书,掌管部队文书。

深明大义的辛弃疾不计较官职高低,愉快地接受了耿京的任命。

看到天平军来自下层,策略水平有限,辛弃疾积极为耿京网罗人才。有一位和尚叫义端,同辛弃疾是旧相识,也在济南起事,手下有一千余人。辛弃疾向耿京推荐义端,并介绍义端通晓兵法,是个将才。耿京大喜,让辛弃疾拉拢义端。

辛弃疾只身前往说服义端，义端却嫌耿京一介农夫，斗大的字不识几个，又没有谋略，不愿与其为伍。

彼时完颜亮已死，金国上层趋于稳定。辛弃疾问义端："不久之后，金军一定会前来讨伐义军，到时候凭你的一千多人，如何抵御？"义端无言以对，终于答应跟随辛弃疾投奔天平军。

辛弃疾、义端这些有文化、有谋略的人加入，让天平军如虎添翼，达到鼎盛。天平军先后攻占泰安、莱芜、东平，声势大振。

由于天平军由许多小股部队聚集而成，其内部矛盾也日渐显露出来。

义端一直看不起耿京这位"泥腿子"，除了与辛弃疾交好，与其他起义军将领相处得极不融洽。耿京这些农民义军，对知识分子也横挑鼻子竖挑眼，一百个不放心。没多长时间，义端和耿京明争暗斗，渐渐势同水火。

一天，义端忽然失踪。本来天平军队伍管理松散，短时间少个将领也没有人太过在意。然而辛弃疾作为机要秘书，掌管的起义军大印也不翼而飞。两件事情结合到一起，不难推断是义端偷了印信逃走。

义端是辛弃疾推荐的，平日二人交情不错。耿京断定辛弃疾和义端狼狈为奸，不由大怒，下令斩杀辛弃疾。

辛弃疾为人敦厚，在天平军中口碑不错，一干将领纷纷为他讲情。

辛弃疾说：“请给我三天时间，我定然讨回印信，抓回义端。如果食言，我愿接受任何惩罚。”

事已至此，耿京只好同意。

辛弃疾略一分析，就明白了其中缘由。义端之所以偷印信，一定是要投奔金军，以印信为见面礼。于是他快马加鞭向金营方向赶去。

果然，他在半路追上了义端。辛弃疾劈头便问：“为何盗取印信投靠金贼？”

义端知道事情败露，也不狡辩，说：“天平军一群乌合之众，难成大事，不如一起投金，争取个荣华富贵。"

辛弃疾矢志反金，哪里能容忍这种认贼作父的行径，他义正词严地对义端说：“你知道我的志向，坚如磐石。亏我还把你当作朋友，怎么没有早看清你的丑恶面目！今天定然不能饶你！"

义端知道辛弃疾武功高强，自己根本不是对手，赶忙服软：“我知道你是青兕转世，力大无穷，格斗勇猛。你是大英雄，我是一个平庸的人，杀我有污你的形象。我们车走车道，马走马路，井水不犯河水，你就放我一马吧。”

义端这话，既有哀求，又有激将，目的是逃过一死。可是投奔金国已经碰触辛弃疾的底线，何况还偷走义军印信！于是他厉声喝道："你这出卖义军的小人，怎好意思向我求情！如果今天不杀你，对不起死去的千千万万中原百姓！"

话说到这份上，义端知道已难有回旋余地，于是拍马便逃。辛弃疾双脚一蹬，胯下骏马一跃而起，顺势拔剑前刺，正中义端后背。义端一剑毙命。

辛弃疾砍下义端人头，飞速赶回天平军复命。

经过义端事件，耿京对辛弃疾刮目相看，他知道辛弃疾不但忠心耿耿，而且文武双全，自此无论大小事务，都要同辛弃疾商量，并且言听计从。

尽管手刃义端，但辛弃疾知道，天平军绝难同金军抗衡。为今之计，只有拉着队伍，投奔南宋，何况，他反抗金国，就是为了恢复大宋对中原的统治，绝没有考虑个人私利！

他向耿京建议说："义军虽然已经有二十多万人，但战斗经验少，兵器装备落后，恐怕难以抵御金国军队围剿，应有长远计议。"

耿京忙问："掌书记说应该怎么办。"

辛弃疾为耿京分析说："我大好河山被金人践踏，中原百姓沦为臣虏,才受到这样的压迫和暴政。大宋乃我汉民正朔,人心所向。靖康之难后,大宋归于江南,正厉兵秣马,图复中原。为今之计,只有投奔南方,聚集在大宋朝廷麾下,众志成城,才能早日将金人赶出家园,恢复我大宋江山!"

辛弃疾说得慷慨激昂,耿京听得热血沸腾,当即召集主要将领开会议事,最后统一意见,决定归宋。

为了表示重视,耿京派"都提领"贾瑞渡江联络南宋朝廷。贾瑞是位粗人,虽然在战场上所向披靡,但外交公关、讲理说辞却不是强项。因此,他建议耿京派一位文人随同他一起前往南方,如果遇到朝臣诘问,也好应对。天平军中,没有人比辛弃疾更有文才,何况南归的主意就是辛弃疾提的,于是耿京以贾瑞为正使、辛弃疾为副使,带着九名随从,快马加鞭前往江南,进诣宋高宗。

传奇

> 所谓传奇,就是一生的记忆。
>
> ——题记

南宋自定都临安后,本应卧薪尝胆,厉兵秣马,以图驱除金人,恢复中原,但宋高宗赵构还在咀嚼着靖康噩梦,畏金人如虎。他在主战与求和之间首鼠两端,先是以主和派秦桧为相,向金国暗送秋波。在金人撕毁和议,率兵南下之时,慌忙起用主战将士。1140年,就在辛弃疾出生的那一年,杰出的抗金将领岳飞反攻金军,收复黄河以南大片河山,包围金军南侵据点开封,同金军决战于开封西南的朱仙镇。这一役,打得金军全线溃败,落荒而逃。就在开封唾手可得之际，宋高宗担心岳家军尾大不掉，连下十二道金牌强令班师。岳家军退后，河南诸郡，重新沦落金人之手！

1141年，宋廷与金人签订"绍兴和议"：宋对金称臣，将东起淮河、西至大散关以北的土地全部划归金国，并每年贡奉银二十五万两，绢二十五万匹。

自此，南宋君臣在临安的吴侬软语中，重新陷入温柔乡里，继续他们醉生梦死的奢靡生活。

宋金和议，二十年相安无事。公元1161年，不料完颜亮突然发难南征，宋廷措手不及。后有金人内斗，前有"采石之战"大胜金军，南宋才得以继续偏安。

尽管如此，宋高宗惊魂未定，这才重新重视起练兵强军，整饬防务。

临安为京都后，建康府成了北边门户，其雄山为城，长江为池，是江南安危的关键，地位就像河内之于洛阳，潼关之于长安。南宋朝廷十分看重建康的政治军事地位，将建康定为"陪都"，皇帝经常到建康巡视。

公元1162年正月，刚刚过完上元节，宋高宗就冒着严寒前往建康巡查长江防务。十八日，贾瑞、辛弃疾渡江谒圣，高宗在建康会见二人。

听到北方将有二十五万大军归附，赵构龙颜大悦。即使这二十五万人不能回到南宋地界，在沦陷区也是牵制金军的重要力量。在两国重开战事之际，赵构没有理由不接纳。

宋高宗赵构慷慨大方地为天平军将领加官晋爵。授耿京为天平军节度使，知东平府，兼节制京东路、河北路忠义兵马。耿京的官职分三个部分：其一，节度使是地方最高军事长官；其二，知东平府是东平府的最高行政长官；其三，京东路、河北路包括燕京以南、黄河以北、太行山以西广大地区，京东路、河北路所有起义军均归耿京节制。反正这些地区都不在南宋的控制之下，许个空头支票，卖个顺水人情，这一点宋高宗做来轻车熟路。

授贾瑞补敦武郎、合门祗候。敦武郎是武官，当时武官共五十三阶，敦武郎为四十三阶。合门祗候是武职中清要之官，掌管礼仪。

授辛弃疾补右承务郎、天平节度掌书记。承务郎在当时只是从八品下的小官。

按宋朝官制，贾瑞的敦武郎和辛弃疾的承务郎只表示职位高低，并不履行实际职能。

宋高宗还封了大大小小二百余个官职。

这些授封，虽是空头支票，但天平军格外看重，有了这些封号，他们名正言顺，就有了空前的号召力和影响力。

并且，如果取得南宋接应，率众南归后，他们也能在南宋军队中站稳脚跟。

这正是辛弃疾希望的。

朝廷派统制官王世隆带着朝廷节钺和任命书，与辛弃疾他们一道去天平军中宣封。

辛弃疾和贾瑞很兴奋。他们顾不得休息，马不停蹄地往回赶，要把这个好消息及时报告给耿京，报告给天平军的弟兄们。

建康府到天平军总部东平府相距千里，其中既要穿过南宋控制的两淮路，又要穿过金人统治下的河南、山东等地。好在金人在中原的统治并不稳固，加上辛弃疾等武功高强，所以千里跋涉并非难事。

辛弃疾回东平走的是东路，打算从淮海东路到山东，再折道向西，到东平府。这条路地势平坦，行进速度快。辛弃疾急于向天平军宣布好消息，自然要快马加鞭。

海州是南宋统治的最北区域。辛弃疾到达海州，同当地官员接洽，打算稍作休整。但令他悲愤的是，在这里，他才得知他全部的努力付诸东流了。原来，在他离开不足一个月的时间里，天平军天翻地覆，已经不复存在！

新即位的金世宗为了稳定政局，对境内日益高涨的抗金斗争采取怀柔政策。他废除完颜亮当政时实施的苛暴政令，缓和国内阶级矛盾和民族矛盾；同时大赦天下，对只要愿意回到乡里重新拿起锄头的起义军士兵既往不咎，对归降的起义军将领则许以高官厚禄，在起义军中大搞策反活动。起义军队伍本来鱼龙混杂，有些人为了抗金，有些人为了讨口饭吃，有些人在进行政治投机。在金国政府的引诱下，起义军人心动摇，跑的跑，散的散，降的降。在这危难之际，天平军将领张安国等，贪图私利，为向金国邀功请赏，居然合谋杀害耿京，叛变投敌。

消息传来，无异晴天霹雳，辛弃疾不禁痛心疾首、义愤填膺。且不说他跟耿京的战友情谊，他现在是宋廷官员，手下军队和将领叛变投敌，他该如何向朝廷复命？

不行，一定要为战友报仇雪恨，以向朝廷交代！

辛弃疾向海州守将请求，借一队精兵，到金国秘密锄奸！

这是一个大胆的想法，因为当时张安国已经被金国任命为济州知州，从海州到济州，尚有六百里路程。一小股部队在金国行进六百里不被发现，谈何容易！

这又是一个艰巨的任务。济州是金国重镇，金国在这里驻有重兵，即便赶到济州不被发现，如何以小股部队对抗万千虎狼之师？

但艰难险阻动摇不了辛弃疾报仇雪恨的决心。同海州守将商量后，他和王世隆选中五十位英勇之士前往济州，趁夜色出发，一路快马加鞭，躲过金军营哨，悄无声息地在远离人烟的旷野里疾驰。

他们运气不错，竟没有被金军发觉，待第二天中午时分，顺利赶到了济州。

一打听才知道，济州居然驻扎着五万人马！硬拼不行，只有智取。

辛弃疾、王世隆等率领五十铁骑，大大方方来到济州金军营寨，让守门军士向张安国通报：辛弃疾求见。

张安国正设宴请客，和几位金军将领饮酒作乐，庆祝自己顺利归顺金国，封官得赏，投机成功。听到通报，他脑子里盘算着辛弃疾的来意。他知道辛弃疾去南宋谒圣，如今应该已经得知自己叛变的消息。略一思忖，他认定辛弃疾一定是走投无路，前来投奔。他做梦也不会想到，辛弃疾居然敢带领五十人深入千军万马报仇锄奸。

于是，张安国毫无防备地接见了辛弃疾。他走出营房，站在门口等待辛弃疾，以表示重视。远远看去，一小队人马疾驰而来，辛弃疾高大、壮实、魁梧的身材映入眼帘，还没有来得及打声招呼，一把剑已经冷冰冰地架在了张安国的脖颈之上。张安国只觉得浑身冷飕飕，从脊背凉到前胸。辛弃疾不等他哀号出声，右手持剑，左手一提，将张安国轻轻提起，向身后一扔，冷冷地说："绑了。"后边骑兵一拥而上，眨眼工夫，张安国已经被缚在马上，成为俘虏。

济州的士兵大多是耿京的部下，对辛弃疾毫无防备，不知道发生了什么事情。等反应过来，张安国已经束手就擒。

辛弃疾大声说："朝廷大军马上就要杀过来了，大家不可再替金人卖命。如果你们是忠义之人，就赶快散去吧！"一呼百应，一下子数万士兵跟着他往大营外面跑。

偌大的军营乱作一团。同张安国一起饮酒的金军将领得到报告，马上提刀上马，往外面追赶辛弃疾。无奈金军和张安国投降带来的士兵，以及现在被辛弃疾鼓动哗变的士兵拥挤在一起，分不清彼此，堵塞了金国将领追赶的道路。金军中为首的将领叫徒单思忒，使一对流星锤，力能拔山。着急之中，他抡动大锤，前面的士兵哗啦啦被甩倒一片。其他士兵骇然大惊，齐刷刷闪开一条道路，都怕那一把流星锤将脑袋砸出脑浆。

此时辛弃疾早已出了大营，随从的五十骑三下五除二将张安国装进麻袋，驮在马背上疾驰而去。从大营中跟随出来的义军多为步兵，自然跟不上队伍，辛弃疾大声吆喝，让大家解散，各自回家，莫要再替金国效力。

辛弃疾以五十骑在五万敌军中轻松缚取其主帅，犹如古书上赞叹的"万军之中取上将首级如探囊取物"，在当时和后世都被誉为传奇。辛弃疾后来回忆这段经历，感叹"追念景物无穷，叹年少胸襟，忒煞英雄"（《金菊对芙蓉》），"当年众鸟看孤鹗。意飘然横空直把，曹吞刘攫"（《贺新郎》），对自己的壮举充满自豪。

当然，金军不会眼睁睁看着他押解叛徒而去，更大的考验在等待着他。

归宋

攒好一腔热血,洒满回家的行程。

——题记

就在这些步兵将散未散之时,徒单思碌已经冲出大营,追了上来。金人发迹的燕山之北出产良马,游牧民族又天生善骑射,所以如果任凭金军追赶,辛弃疾的五十骑恐怕都难以生还。好在散乱的步兵延缓了徒单思碌追赶的速度,为辛弃疾争取了时间。等到徒单思碌驱散了步兵人群,辛弃疾等五十骑早已无影无踪。

原来,辛弃疾自幼生活在山东,遍历当地山川河流,对这里的地形比较熟悉。济州东南有崝山,山势连绵,便于隐藏。辛弃疾趁乱带领五十骑直奔峄山。山中有驿道，辛弃疾不敢走驿道，他先带领大家到一处山坳里休整。等待甩开徒单思碌的追兵后再想办法离开。

五十骑同时行动，无论如何都比较引人注目。辛弃疾下令在马蹄上裹上布，士兵嘴里塞进一种叫"枚"的东西，把马口用器具夹住，俗称"束马衔枚"，这样行军时就不会发出声音。

徒单思碌一路向东追来，不知辛弃疾等已经隐蔽进了深山中。他以为辛弃疾会向离济州最近的海州方向撤退，于是一路向东追去。

五十骑将士在山坳里休整，辛弃疾和王世隆登上山峰观察敌情。看见徒单思碌的追兵向东绝尘而去，辛弃疾认为如果原路撤回海州，一路定无比凶险。同王世隆简单商量之后，他们马上统一意见，放弃原路返回的打算，向南走单州，经亳州、宿州、颍州，到达宋朝管辖的寿春府。路途比到海州远了四五百里，不过能出敌不意，并且山路盘旋，容易摆脱敌人。

其间，王世隆主张将张安国就地正法，免得多这个累赘，影响行军。但辛弃疾表示，耿京已经接受朝廷任命，杀害朝廷命官的凶手理应由朝廷判决，因此力主将张安国带回大宋，依律惩处。辛弃疾最终说服了王世隆，决定将张安国押解回建康或者临安。

以防万一,辛弃疾和王世隆还将五十骑分成两队,一队由辛弃疾率领,一队由王世隆率领,两队走不同道路,并行前进,相距不过数十里。这样行军,人数少、目标小,便于隐蔽。另外,途中如果一队有事,另一队负责解围接应,两队互为犄角。

天刚擦黑,两路军各自赶路,在山间小路中穿梭。

却说徒单思碌向东追赶百余里,未见辛弃疾等人踪迹,开始疑惑。徒单思碌也不是等闲之辈,很快意识到问题所在,立即掉转马头,一边把追赶方向锁定西南,一边派使者快马传报单州、徐州、宿州、颍州等地,务必截击辛弃疾等。

张安国只是一员降将,金国原本不值得为他大动干戈,不过知州在眼皮底下被人掳走,徒单思碌深感羞辱。汉人降军在金人手中还有用处,特别是张安国手下的那一支降军,金人还指望他们随金军南下攻宋。从古到今,"伪军"一直是异族入侵时的一支生力军。

济州向南三百里,有一处山群,叫芒砀山。当年汉高祖曾逃亡这里,斩白蛇而起义。辛弃疾率队伍夜间行军,山路崎岖,不得不放慢速度。赶到芒砀山时,已是接近中午。这时一行人又饥又渴,需要休息。但队伍尚在敌境,不敢久留。辛弃疾命人不下马，马不卸鞍，就地停留吃些东西，补充体力，然后继续行军。不料才歇息完毕，正要赶路，只听后面马蹄声急，眼见尘土飞扬。原来徒单思碌率一路金军已经赶到。

好在辛弃疾他们刚刚补充了干粮，体力已经恢复，连忙挺枪驱马，准备战斗。只见徒单思碌打马上前来，大声吆喝道："放下张安国，可饶汝等不死。"辛弃疾大声回答："张贼罪大恶极，早已被我们处决。你们还是回到峄山收尸吧。"双方隔空喊话，都是瓦解对手斗志的手段。徒单思碌虽然将信将疑，但既然追到了这里，岂会糊里糊涂回去！于是不再答话，把手一挥，后面的金军蜂拥而上，要将辛弃疾等悉数歼灭。

辛弃疾一面指挥从容应战，一面安排四五骑驮着张安国先行撤退，然后命人点起随身携带的干马粪。这干马粪点燃后，会冒起浓烟，这是向王世隆传递的信号，类似古长城上燃烧的烽火。

徒单思碌的追兵有一百多人，是辛弃疾一行的五倍多。辛弃疾边战边撤，尽量减少损失，拖延时间。大约半个时辰，眼看辛弃疾一行难以支撑，金军背后忽然杀出一支队伍，原来王世隆带着另外二十多骑已经赶到。二十多骑后面，道路上旌旗招展，草木摇落，原来是王世隆设置的疑兵。金军激战正酣，眼看胜利在望，不防背后杀出一支劲旅，也不知多少人马，大骇。两军作战，最怕军心散乱。金军惊骇之间，又听宋军喊道，你们已经被包围了，赶快下马受死！金军顿时乱作一团。宋军知道这只是权宜之计，毕竟力量悬殊，不宜久战。冲散了金兵，王世隆与辛弃疾会合到一处，赶紧向深山陡峭处撤退。

徒单思碌眼见辛弃疾等要逃，知道上当，急忙命令金军在后面追赶。金军还惊魂未定，队伍不整，就这样稀里糊涂向宋军追击。山高路险，道路狭窄处，仅能容下单匹马通过。而金军缺乏有效组织，几匹马拥挤到一起，纷纷掉落悬崖，后面的马匹又控制不住，践踏而至，一时间哀号声、尖叫声聚在一起，金军乱作一团。等稍微平息下来，清点人数，一百多骑损失了三成。而此时宋军已经不见踪影，不知去向。

出了芒砀山，距宋境不过半日工夫。徒单思碌知道追杀已经无望，长叹一声："可怜我大金几十骑精兵竟成空谷孤魂！"于是悻悻收兵而去。

辛弃疾他们走宿州，直奔寿州，到了宋境，这才脱离了危险。

到了建康，高宗下令将张安国斩首，投于市上示众三日，以儆效尤。

是年，辛弃疾二十三岁。

以五十人深入五万敌军，生擒敌帅，就像演义里的千军万马之中取上将人头，如探囊取物，堪称传奇。回来途中机智摆脱金国追兵，芒砀山一战以少胜多，从中也足以看出辛弃疾的军事造诣。

辛弃疾的这段传奇在南宋被广泛传颂。当时的大学问家、《容斋随笔》作者洪迈，专门为辛弃疾作《稼轩记》，其中对这段传奇大书特书。他写道：

> 齐虏巧负国，赤手领五十骑，缚取于五万众中，如挟毚兔，束马衔枚，间关西奏淮，至通昼夜不粒食。壮声英概，懦士为之兴起，圣天子一见三叹息。

翻译成白话文就是：张安国背叛国家，辛弃疾赤手空拳率领五十骑将他从五万人中捆绑回来，好像撬开岩石逮住狡兔。然后束马衔枚，辗转从淮西南下，一天一夜粒米未进。其声势雄壮慷慨，让怯懦的人受到鼓舞，天子对他也赞叹不已。

辛弃疾也为这段传奇经历骄傲自豪。中年之后，他常常回忆起当年抗金杀虏的壮举，在词中多次提到那一段峥嵘岁月。

鹧鸪天

壮岁旌旗拥万夫,锦襜突骑渡江初。燕兵夜娖银胡䩮,汉箭朝飞金仆姑。

追往事,叹今吾,春风不染白髭须。却将万字平戎策,换得东家种树书。

辛弃疾晚年被免去所有官职,在家闲居。这天,有客来访,慷慨激昂谈论建功立业,辛弃疾想起青年时的英雄壮举,感慨万端,写了这首词。

上阕首句"壮岁旌旗拥万夫",写的是起义抗金情形。年轻的词人高举义旗,率领上万义军,开展壮怀激烈的抗金武装斗争,豪情壮志溢于笔端。"锦襜突骑渡江初",指押解俘虏快马加鞭南渡,锦襜是一种短衣战袍。"燕兵夜娖银胡䩮,汉箭朝飞金仆姑",具体描写突破金军防线,顺利到达南宋境内的过程。娖,整理;胡䩮,盛箭的器具;金仆姑是一种箭的名字。金兵整理兵器,在后面追击不舍。辛弃疾率领的军队同金兵发生激烈的冲突,向敌军发起猛烈进攻。

辛弃疾在词中描述同徒单思碌激烈战斗的场景,回味往昔的峥嵘岁月。

武装抗金,收复失地,是辛弃疾最大的抱负。在南归之后,他再也没有能走上抗金第一线。因此,他一生最骄傲和欣慰的,就是这段"壮岁旌旗拥万夫"的战斗经历。他的许多词、文中,都流露出对青年时光的怀念。

阮郎归

山前灯火欲黄昏。山头来去云。鹧鸪声里数家村。潇湘逢故人。

挥羽扇,整纶巾。少年鞍马尘。如今憔悴赋招魂,儒冠多误身。

羽扇纶巾是儒将形象。魏晋书籍中,诸葛亮羽扇纶巾,被司马懿赞叹"真名士也"。苏轼《念奴娇》有"遥想公瑾当年,小乔初嫁了。雄姿英发,羽扇纶巾。谈笑间,樯橹灰飞烟灭"的词句,用羽扇纶巾描述周瑜。词人在这里是自比。少年时,羽扇纶巾,潇洒自若地驰骋沙场,指挥作战。这样一位少年英雄如今却憔悴失意,怎能不令人唏嘘喟叹。

怀想少年,怀想旌旗拥万夫的战斗岁月,成为他晚年支撑自己的精神力量。

第二章

众里寻他千百度

- 美芹
- 晋谒
- 琴瑟
- 吊古
- 召对

美芹

> 人生的悲剧，往往不是因为没有才能，而是才能没有用武之地。
>
> ——题记

辛弃疾押解叛徒回归南宋，皇帝也颇为震动，封他为江阴军签判。"江阴军"不是某支军队的名字，指的是现在的江阴市。军是宋代特有的行政区划，大多同州、府一个级别，大致相当于现在的地级市。只是军比州区域小一些，地位次一些。其长官叫"知军"。签判是知军的幕僚官，依然属于低品级小官。

从北方投奔过来的人，他们有一个专用称呼，叫"归正人"。南宋朝廷对归正人不放心，不会授予太高的官职。况且辛弃疾当年才二十三岁，朝廷觉得他有必要从基层做起，加以历练。

就在辛弃疾归宋的第二年，宋金之间又发生一件大事——隆兴北伐。

公元1162年夏天，做了三十六年皇帝，五十六岁高龄的宋高宗赵构，被动荡不安的时局折磨得焦头烂额，感到身心疲惫，于是主动禅位给养子赵昚，是为宋孝宗。他自己做太上皇，一心一意过起逍遥自在的闲适生活。

赵昚是一位渴望建功立业、有所作为的皇帝。他出生于靖康之难中，即位时正年富力强，不愿再对金国低三下四、忍屈含辱，发誓要一雪靖康之耻。

他即位后，立即排斥主和派，启用主战派，朝政为之一新，朝纲为之一振。

主战派的代表是张浚。张浚是徽宗朝进士，靖康之难中，追随赵构，受到重用，节制军马。公元1129年，将领苗傅、刘正彦不满朝政，发动政变，以清君侧为名，逼迫赵构逊位，另立新君。张浚率先获知消息，组织吕颐浩、张俊、韩世忠等勤王，打败苗傅、刘正彦，使高宗复位，立下大功。

军事上，张浚比较重视四川、陕西，主张经营川陕，通过川陕进击中原。他出任川陕宣抚处置使，主动寻求战机，率四十万大军进击金兵，大战于富平。遗憾的是，宋军遭受重创，只好退守四川。

张浚总结教训，大胆启用新人，训练新兵，此后多次击败金军，终于在陕西站稳脚跟，保证了四川安全。

张浚因功被擢升为右丞相，但在绍兴七年（1137年），他部署淮西防御时，因用人不当，发生内讧，致使四万宋军投敌，因而引咎辞相。

张浚忠君爱国、敢于担当，有其积极的一面，但若论性格，他却是志大才疏、嫉贤妒能之人。

南宋初年，张浚弹劾抗金名臣李纲，李纲在位七十五日就因此被罢相。名将曲端，因排兵布阵与张浚发生争执，张浚诬陷其谋反，将他投入狱中折磨致死。绍兴年间，张浚为相，部署北伐，岳飞认为不可。高宗打算重用岳飞，把淮西军队全部划到岳飞麾下，张浚附和秦桧，坚决反对，并给岳飞加上"并兵""要君"罪名，即兼并其他将领军队、要挟皇上。后来秦桧杀岳飞，用的就是张浚妄加的罪名。韩世忠等主战将领纷纷为岳飞辩解、讲情，唯有张浚，不置一词，冷眼旁观。

张浚一生打过很多仗，有胜有负，但指挥大规模战争却多以惨败收场，如富平之战。当时有人直言不讳：张浚不懂军事。

这样的人，关键时刻，成事不足、败事有余，并不适合委以重任。但岳飞、韩世忠已死，南宋主战派日益凋零，唯有张浚威望最高。宋孝宗全权委托张浚，主持全国军政，筹谋北伐。

听到张浚被任用，已经退休的高宗赵构告诫赵昚："张浚用兵，不独朕知之，天下皆知之。如富平之败，淮西之师，其效可见矣。今复论兵，极为生事。"

赵构认为张浚没有军事才能，但孝宗赵昚没有把太上皇的话放在心上。他太需要一次北伐胜利，来证明自己的能力，弘扬国威。

同孝宗一样急于求成的是张浚。他被闲置二十五年，如今已垂垂老矣，急需一场战役，唤回逝去的青春，以掌控久违的权柄。

宋孝宗与张浚一拍即合。

公元1163年，宋孝宗隆兴元年，四月，孝宗为防止主和派干预，绕过三省和枢密院，直接向张浚和军队下达诏令，开始北伐，史称"隆兴北伐"。

一场涉及兴衰存亡的战争就这样"偷偷摸摸"展开了。

张浚调集八万人马，兵分两路，一路由李显忠率领，一路由邵宏渊率领，从淮东向北进军。

宋军顺利攻取灵璧、虹县、宿州，形势一片大好，朝野欢欣鼓舞。

胜利之中潜伏着危机。随着战斗的推进，南宋内部逐渐滋生矛盾，邵宏渊与李显忠因争功而不和，不仅不予协作，反而互相捣乱拆台。

这时，金军开始疯狂地反扑，十万主力压向宿州。李显忠独自抗战，苦苦支撑，而邵宏渊近在咫尺不予增援，还鼓噪宋兵放弃抵抗。李显忠与敌激战一整天，终因寡不敌众，全线溃退，军资器械丧失殆尽。宿州旧郡名符离，史称这场溃败为"符离之溃"。

不足三个月，短命的"隆兴北伐"折戟沉沙。

"隆兴北伐"的失败给宋孝宗以沉重打击，同金国再战已经没有资本，为今之计，只有求和！

他重新起用主和派，经过长达一年多的反复谈判，与金国达成和议，主要内容为：南宋不再向金称臣，改为侄、叔关系；南宋放弃采石之战后收复的海、泗、唐、邓、商、秦六州，双方疆界恢复到绍兴和议原状；"岁贡"改为"岁币"，为银二十万两，绢二十万匹。

"隆兴和议"比起"绍兴和议"，南宋地位有所改善，岁币数量有所减少，但在领土上做出了巨大让步。金国内部不稳，南宋军事失利，最终达成双方能够接受的结果。

"隆兴北伐"时，辛弃疾在江阴军签判任上，位处江南，未能直接参与。但辛弃疾"位卑未敢忘忧国"，通过上书等种种渠道，为朝廷和宋军出谋划策。

辛弃疾虽主张抗金，但并不赞同急于北伐，而是强调巩固国防，训练军队，壮大自己。北伐前，他向孝宗上《论阻江为险须借两淮疏》，指出："自古南北分离之际，盖未有无淮而能保江者，然则两淮形势在今日岂不重哉！"他借历史经验强调两淮的重要性，提出建议：在淮河流域陈兵中、东、西三镇，派文武兼备的将领守御。如果金兵进攻淮东，中镇救援，西镇则趁机骚扰敌人后方；金兵攻淮西，类推；若金兵攻中镇，建康的兵马救援，东西两镇出兵骚扰敌人；若东西都被攻击，则中镇扰乱敌人后方。

南宋初期，不断有人建议放弃两淮，或者虚置两淮，退守长江天险。辛弃疾就是针对这种论调，上《论阻江为险须借两淮疏》进行驳斥，并提出相应的军事防御策略。

紧接着，他又向孝宗上《议练民兵守淮疏》，建议仿效古代军屯制度，在两淮训练民兵，没有战事的时候，耕地种田，经营生产；农闲时节，开展军事训练；战事若起，执枪能战，全力抗敌。

可惜辛弃疾人微言轻，孝宗忙着北伐，将他的战略部署束之高阁。

面对骤然而至的北伐，辛弃疾最担心的就是急躁冒进。他求见张浚，想当面向张浚提出自己的北伐设想。辛弃疾的建议是：从关陕、南阳、淮北佯攻，等金军疲于调动之时，出奇兵袭取山东，截断前线金兵跟燕京的联系，从而一举收复中原。辛弃疾的建议同样遭到张浚的轻慢。辛弃疾只是从八品的归正人，张浚对他的建议毫不重视。

符离溃败对南宋政坛影响甚大，主战派悉数被贬，和议成为主流，朝中甚至出现了"抗金必亡"的消极论调。

在悲观情绪弥漫的形势下，辛弃疾毅然决然举起抗战大旗。他不同于以往的主战派，简单地意气用事，空洞地侈谈民族大义、亡国之恨，而是用切合实际的分析和策略，告诉朝廷和群臣，金人不足虑，抗金必胜！

1165年，孝宗改年号为乾道。辛弃疾经过审慎的思考和整理，再向宋孝宗进言，上"万言平戎策"——《美芹十论》。

"芹"指芹菜，先秦时期就有种植，属于吉祥珍贵之菜肴，常用于祭祀和重大的庆典。《吕氏春秋·本味》有"菜之美者，有云梦之芹"的记载。《诗经》中亦有歌咏。后来臣子向君主建言献策，称为"献芹""芹献""芹意"。唐代高适《自淇涉黄河途中作诗》："尚有献芹心，无因见明主。"意思是想为朝廷做点贡献，却没有办法见到明主。

《美芹十论》总共十篇，前三篇曰《审势》《察情》《观衅》，分析金国的弱点，树立必胜的信心；后七篇曰《自治》《守淮》《屯田》《致勇》《防微》《久任》《详战》，提出抗金策略，建议筹备抗金事宜。

单独看《美芹十论》，虽然有些枯燥，但对于了解辛弃疾的军事思想十分必要。

《审势》中，辛弃疾立足形与势的辩证关系，指出金国外强中干，其实不足虑。一是金人控制区域虽广，但统治地区民族矛盾尖锐，一有惊扰，容易形成纷争、割据，所以不足虑；二是金国用其在中原搜刮的财帛供养军队，财帛虽多，一旦激起反抗，就会导致财帛不足，反而会成为制约金军的因素，所以不足虑；三是金军看起来兵多，但大多是中原征发的汉人，与金国统治者怨愤极深，打起仗来，说不定就会反戈相向，所以不足虑。

《察情》中，辛弃疾认为金人贪婪成性，从来没有放弃过灭亡大宋的野心。但金国朝廷对宋又有很深的忌惮，犹如人看见老虎豹子一样。因此，他们在行动上有时蓄谋已久，有时虚张声势。朝廷应心定而审虑，不为表面现象所惑，分析敌人的真实意图，做出正确的决策。

《观衅》中，辛弃疾论述民心向背的重要性，指出中原人民跟金人裂痕颇深，只要有些风吹草动，百姓一定会支持大宋，只要耐心等待，金国必然灭亡！

《自治》中，辛弃疾先驳斥一种悲观论调，即南北分裂，江南难以同中原抗衡。历史上，南北割据时，往往最终中原政权消灭了江南势力，几乎没有立足江南统一全国的。但辛弃疾指出，强弱的关键，不在南北，而在于国家盛衰。故应卧薪尝胆、精心强力，管理好国家。辛弃疾提出两点建议，一是不再向金国供奉岁币，二是移都建康，希望朝廷酌古御今、凌跨汉唐，这样必然能够收复失地。

《守淮》中，辛弃疾承袭《论阻江为险须借两淮疏》，论述两淮地区的重要性，以及防守两淮的具体方案。

《屯田》中，辛弃疾承袭《议练民兵守淮疏》，建议在江淮流域开辟屯田，吸引中原百姓归正，为南宋增加兵源。

《致勇》中，辛弃疾建议将文臣派到部队为参谋，使文臣武将相互学习，相互进步，相互制衡；建议激励将士，抚恤烈士，激发军队勇武之心。

《防微》中，辛弃疾指出人才是战争胜负的关键要素，要不吝惜爵位和嘉赏笼络人才，不应让人才感到委屈愤懑而投靠敌国。

《久任》中，辛弃疾指出朝廷政策应具有连续性，不能今日主战，明日主和，朝三暮四，左右摇摆。相应的，对臣子要充分信任，令人专于职守，不能频繁更迭其岗位，这样官员们才会有责任、有担当，奋发有为，而不是得过且过、支差应付。

《详战》中，辛弃疾大胆设问：明知天下必有一战，是主动出击还是被动挨打？是在敌人土地上作战还是在自己国家作战？进而得出结论，主动出击在敌人土地上作战，这是最高权谋、最佳策略。然后辛弃疾把金国比作人的身体，山东为首，中原为身，关陕为尾。进攻金国，就要以头部为突破口，得到山东，河北唾手可得，燕京岌岌可危。

南宋主战派在抗金的立场上是一致的，但在具体策略上有很大分歧。张浚、虞允文、陆游都强调关、陕地位特殊，得到关、陕，就能东出函谷，剑指中原；曾几度为相的赵鼎及后来的陈亮则认为荆、襄乃总括天下之地，经营荆、襄最为关键；岳飞主张直接进攻汴京和洛阳，这样方可尽收河南。

贯穿于《美芹十论》的一个重要战略，是经营两淮、窥视山东，这是辛弃疾一系列抗金主张的核心，也是辛版收复计划的独特价值所在。

《美芹十论》虽然是一封奏书，却闪烁着军事思想的光芒，因此被后人列入军事著作，体现了辛弃疾的军事才能。凭一部《美芹十论》，辛弃疾在武将、词人之外，足能冠以军事家的称谓。

《美芹十论》一万多字，可谓字字珠玑。南宋以来，虽然诞生了岳飞这样的杰出战将，但针对金国的系统军事理论著作并不多。《美芹十论》中的十个观点，有些是攻守之策，如守淮、详战等；有些是强军之策，如致勇等；而有些，属国家的军事基础工程，如自治、屯田、防微、久任等。这些理论，承袭《孙子兵法》，讲究屈人之兵，而不是具体的战术应用。更重要的，它不是套搬固有的军事理论，不是总结空洞的军事规律，而是切合当时形势，专门针对宋金战争开出的收复中原的妙药良方。

辛弃疾比同时代的朝臣和将军们站得高、看得远，得益于他早年亲赴燕京，就金国政治、经济、军事情况的考察，得益于武装起义的实践，更得益于抗金复国的热情和信念。

继《美芹十论》之后，他又写成姊妹篇《九议》，献给著名的主战派丞相虞允文。但这两把营养丰富的"芹菜"都没有被烹饪成营养大餐。在"隆兴和议"刚刚签署的背景下，这两部抗金宣言显得不合时宜，因此被束之高阁。

不过，这两把"芹菜"倒也合宋孝宗的口味，赵昚因此记住了辛弃疾的名字，以及他的才干。

晋谒

> 为了理想，我们甘愿将自己放得很低，忍辱负重，匍匐前行。
>
> ——题记

在江阴签判任上待了两年，辛弃疾被调任广德军通判，后又转建康通判。通判在宋朝职位特殊，主责是监督、牵制知州，防止知州权力过大。通判还负有监察职能，可以过问州事，知州签署的命令需要通判会签才能生效。"通判"的名称由来于此。所以，通判跟知州关系微妙，既可以算作知州的副职，也可以看作知州的对手。

不过对于身怀宏愿的辛弃疾来说，这些官职无异于赋闲。

转眼已是立春,对于他这个北方人来说,江南春色格外诱人,信步大街小巷,不觉词兴渐浓,吟道:

汉宫春

春已归来,看美人头上,袅袅春幡。无端风雨,未肯收尽余寒。年时燕子,料今宵梦到西园。浑未办,黄柑荐酒,更传青韭堆盘?

却笑东风,从此便熏梅染柳,更没些闲。闲时又来镜里,转变朱颜。清愁不断,问何人会解连环?生怕见花开花落,朝来塞雁先还。

前面美人当道,用彩绸剪出花朵、燕子、蝴蝶的形状,插在头上,迎风摇曳,格外招摇和喜庆。这是当时风俗,告诉人们,生机勃勃的春天已经到了!余寒未消,风雨飘忽不定,勾起人们对春天欲望的起起伏伏。

梁间的燕子嬉戏雀跃,喋呷呢喃,让词人蓦然想起,这些燕子,到了北归的时候,它们这样欢快,是不是迫不及待地想回到梦中的汴京西园?

词人不由得也想起故园的春天,然而今宵无梦,故园遥不可及。

于是淡淡的乡愁随春风袭来，顿时心烦意乱。按传统风俗，立春节日里，需要制作黄柑荐酒，和邻里交换青韭堆盘，但词人现在也没有心情准备了。

最无趣的是东风，一点儿也不解风情，兀自吹拂大地，香了红梅，绿了杨柳，春天从此便姹紫嫣红。然而词人还是一样的百无聊赖。离开故乡这么久了，来到镜边，看看朱颜是否更改。"最是人间留不住，朱颜辞镜花辞树"，春风不解愁，花开花落，雁去雁回，都写满一个字：愁！

这愁，是故园乡思；这愁，是韶华东流。

辛弃疾南归已有些年份，一直赋闲后方，寸功未建，为此耿耿于怀。

他一直寻找机会报效朝廷，试图重回沙场，收复中原。所以隆兴北伐时他向张浚自荐，北伐失败后他向孝宗上《美芹十论》，向丞相进《九议》，就是为了能引起关注，一展宏图。

他深知，大人物的举荐十分重要。如唐代白居易，应举前以诗拜谒名士顾况，顾况十分欣赏"野火烧不尽，春风吹又生"这样的诗句，大加夸赞，对白居易博取功名提供了帮助。辛弃疾欲学白居易，也经常以词拜谒豪门，找各种各样机会推销自己。

辛弃疾做建康通判时，驻建康的江南东路计度转运副使是赵彦瑞。赵彦瑞，号介庵，是皇室宗亲，能够接近皇帝。辛弃疾想得到赵介庵的举荐，在他生日的时候，进献祝寿词：

水调歌头

千里渥洼种，名动帝王家。金銮当日奏草，落笔万龙蛇。带得无边春下，等待江山都老，教看鬓方鸦。莫管钱流地，且拟醉黄花。

唤双成，歌弄玉，舞丽华。一觞为饮千岁，江海吸流霞。闻道清都帝所，要挽银河仙浪，西北洗胡沙。回首日边去，云里认飞车。

渥洼，是西域的一条河，以盛产千里马闻名。"千里渥洼种，名动帝王家。"是对祝寿对象赵彦瑞的阿谀，奉承他是帝王贵胄，是千里名马，既有显赫的出身，又有超卓的能力。

"金銮当日奏章，落笔万龙蛇。"古人用"笔走龙蛇"形容书法洒脱，也指文章做得快，下笔千言，倚马可待。辛弃疾在这里用"万龙蛇"比喻赵介庵文采飞扬。给皇帝上奏章，笔走龙蛇，可见当事人深得皇上信任。这一句同样有阿谀之意。

"带得无边春下，等待江山都老，教看鬓方鸦。"这一句是祝寿语，说赵彦瑞能够给人间带来春色，江山都老了，他还青春常驻，鬓发乌黑。

"莫管钱流地，且拟醉黄花。"赵彦瑞是计度转运副使，是管钱的官，所以用遍地是钱，比喻他理财得法，使江南富庶。但现在是寿宴，且不说这些，尽情喝酒痛饮吧！黄花指菊花酒，古代视菊花酒为祈福酒，经常在寿宴和节日里饮用。

下阕前几句写寿宴的气氛，歌舞痛饮为赵大人祝寿，一片欢乐祥和。后几句笔锋突转，将镜头从眼前歌舞升平一下子拉到前线的仙浪、胡沙。这几句大致意思是：听说朝廷要携千军万马，出兵西北，清洗胡人。赵大人是皇帝身边的红人，一定会跟随圣上飞腾于天际云间。

"银河仙浪""洗胡沙"特指征伐胡虏。杜甫有"安得壮士挽天河，净洗甲兵长不用"的诗句，李白也曾写"但用东山谢安石，为君谈笑净胡沙"。

"回首日边去，云里认飞车"则用浪漫主义笔调，描绘赵彦瑞跟随帝王一往无前、征服胡虏的场景。因为是寿宴，不适合残酷和血腥，辛弃疾才把战争描写得这样诗意和轻松。

整首词都在颂扬寿星，虽然寿宴原本就应该写一些吉祥话，但辛弃疾这首词里，显露出的阿谀和奉迎，一目了然，特别是最后一句，明显希望赵彦瑞能够把自己介绍给皇帝，带着自己喋血沙场，报效朝廷。

辛弃疾词大多沉郁雄浑，绝少讨巧之作。这一首列为另类，说明当时他仍然雄心勃勃，对报效朝廷、金戈铁马有着强烈的愿望和不切实际的幻想，才让他如此低眼顺眉、投人所好。

六年之后，辛弃疾在江东安抚使参议官任上，为他的顶头上司叶衡写了一首词《菩萨蛮》。叶衡当时任江东安抚使，不久迁升丞相。

菩萨蛮

青山欲共高人语，联翩万马来无数。烟雨却低回，望来终不来。

人言头上发，总向愁中白。拍手笑沙鸥，一身都是愁。

这首词虽是为顶头上司所作，但语调风格已大不相同。词中虽有夸耀叶衡之意，但要含蓄、豁达得多。

"高人"指叶衡，苍翠的青山想要跟叶衡说话，它们连绵不绝逶迤而来。然而它们的气势终究输"高人"一筹，在烟雨中低回徘徊,渴望接近却不敢接近,终究还是远远地望着"高人",在远处表示敬意。

辛弃疾词最善用典,而不着痕迹。"高人"语,出自苏轼。苏轼《越州张中舍寿乐堂》:"青山偃蹇如高人,常时不肯入官府。高人自与山有素,不待招邀满庭户。"《论语》亦云:"知者乐水,仁者乐山。"可见与高山为伍的人,一定非等闲之人。辛弃疾用极其富有气势的语言表现叶衡的高贵气质和人格魅力,与金陵赏心亭眼前景色巧妙融合在一起,一点也无阿谀之态。

下阕写人生不得志,徒向岁月愁。人们说可怜白发生,总是多愁善感的缘故。然而沙鸥一身白,难不成它们浑身都充满愁绪吗?

下阕写得诙谐,笔调轻快,虽然笔直意曲,含有积郁、无奈之意,但绝无那首《水调歌头》中的曲意逢迎和迫不及待。

从山东来到江南,辛弃疾最希望能够搏杀疆场,哪怕做一名冲锋陷阵的小卒。然而这种愿望终难实现,为此他心有不甘,又无可奈何。

琴瑟

有人爱，有事做，有所期待，这就是最好的生活。

——题记

念奴娇

云峰横起，障吴关三面，真成尤物。倒卷回潮，目尽处、秋水黏天无壁。绿鬓人归，如今虽在，空有千茎雪。追寻如梦，漫余诗句犹杰。

闻道尊酒登临，孙郎终古恨，长歌时发。万里云屯，瓜步晚、落日旌旗明灭。鼓吹风高，画船遥想，一笑吞穷发。当时曾照，更谁重问山月。

这首《念奴娇》，是稍早于辛弃疾的词人叶梦得所作，描写京口的山川形胜，抒发壮志报国的理想。

京口位于长江南岸，江南运河的北口，是连接长江、运河、淮河的枢纽地带，对岸便是古渡口瓜州，所以王安石才有"京口瓜洲一水间，钟山只隔数重山"的千古名句。

京口北临大江，南控峻岭，境内有京岘山、焦山等，京岘山西北有北固山，北固山前峰、中峰、后峰逶迤起伏，连绵不绝，后峰伸入江中，巍峨雄伟。

京口地势险要，自古为兵家倚重之地，流淌着不尽的英雄故事和神奇传说。东汉末年时，孙策曾在这里打败敌人，孙权还短暂地将京口设为东吴的都城。南朝时，刘裕在这里起兵造反，攻伐桓玄，得胜后就镇守在这里。可以说，京口是军事重镇、英雄之城。

辛弃疾南归后，家眷安置在京口。

南归前，十七岁那年，由祖父做主，辛弃疾娶赵氏为妻。赵氏为辛家生育二子一女，他们与辛弃疾的母亲孙氏一并来到江南，居住在京口。辛弃疾公务之余，颐养娘亲，教养子女，乐享天伦。

然而赵氏福浅，到京口后不久就去世了。

同辛弃疾一同居住京口的，还有一家归正人，主人叫范邦彦，字子美，邢州人。他几乎有着与辛弃疾一样的经历。

靖康之难时，范邦彦因母亲年迈，无法脱身，滞留北方。后来他在金国中了进士，授予官职时，特意挑选一个宋金边界之地，任蔡州新息县令。1162年宋金交战，范邦彦打开城门，迎接王师，与辛弃疾几乎同时归宋。由于身份相同，经历相似，居住相近，两家来往密切。

范邦彦钦佩辛弃疾的英雄气概，在他鳏居之后，亲自做媒，将女儿嫁于辛弃疾为继室。

辛弃疾长年在外做官，而范邦彦就在本地任职，任镇江府通判，方便照顾家庭，对女儿女婿家帮助不小。

大约在续娶前后，辛弃疾将字改为"幼安"，从此"坦夫"逐渐被人忘却，朋友、同僚开始称呼他"幼安"。

范家在邢州是大户，其家族居住的范仲村方圆达十数里。范邦彦的妻子是赵宋宗族之女，出身高贵，有皇室血统。

范氏乃名门贵媛，知书达理，堪称辛弃疾的贤内助。这从一些小事中可见端倪。

南宋名臣赵方年轻时曾拜访辛弃疾。赵方年龄比辛弃疾小许多，但二人一见如故，促膝而谈，三天三夜不觉疲倦。辛弃疾非常欣赏赵方的学识才华和抗金主张，背地里对范氏感叹："近得一佳士，惜无可为赠。"他想接济一下赵方，但一时找不到合适的东西。范氏说："我这里有一些绢，可以送他。"辛弃疾将这些绢作为路费送给赵方，还送他一些书籍，赵方非常感动。

夫妻生活时间长了，就会淡而无味，甚至腻味嫌弃，婚姻需要苦心经营，才能常葆活力。范氏是知情识趣之人，是经营婚姻的高手。

辛弃疾嗜酒，范氏多次规劝，不听。一次，辛弃疾又外出饮酒，范氏别出心裁地在窗子上写满激励他戒酒的语句。晚上，辛弃疾大醉而归，看见窗上的"戒令"，非常愧疚，做一首词向妻子表示歉意：

定风波

昨夜山公倒载归，儿童应笑醉如泥。试与扶头浑未醒，休问。梦魂犹在葛家溪。

欲觅醉乡今古路，知处，温柔东畔白云西。起向绿窗高处看，题遍。刘伶元自有贤妻。

诸葛溪亭是他与朋友们相聚喝酒的地方。山公指山简。《世说新语》记载：山简是晋朝人，他都督荆州时，天下大乱，强盗出没，人心惶惶。但山简跟没事一样，经常到当地一家大户的池子旁陈设酒宴，大醉而归。他给这个池子取名"高阳池"。人们给他编了一首儿歌:"山公时一醉,径造高阳池。日暮倒载归,酩酊无所知。复能乘骏马,倒着白接䍦。举鞭问葛强,何如并州儿。"辛弃疾用这个典故,描述自己醉酒的情形,表示自己大醉而归,什么也记不起来了。

下阕中,醉乡与今古路意思大致相同,南宋张炎《青玉案》云:"壶内藏今古。"说明自古到今,嗜酒之人比比皆是。温柔乡,可指温暖的地方。汉成帝宠幸赵飞燕、赵合德姐妹,称她们为温柔乡,说:"吾老是乡矣,不能效武皇帝求白云乡也。"辛弃疾用"温柔乡"的典故代指自己的家,足见对妻子的爱意。

到了温柔乡,稍微清醒一点,抬头一看,绿窗上题满戒酒的语句,不仅哂然。想起醉酒一定又给妻子带来无尽的麻烦,愧疚之情油然而生,感叹范氏真是位贤妻!

刘伶是史上第一好饮之人,有一次酒瘾上来,向老婆讨酒。他老婆把酒缸砸烂,哭着说:"你饮酒太多,不是养生之道,一定要戒掉。"刘伶知道老婆为他担心,说:"很好。"

辛弃疾以刘伶妻比范氏,感谢范氏规劝戒酒,都是为自己好。并且,范氏用绿窗题字的方法规劝丈夫,远比砸了酒缸、哭哭啼啼的刘伶老婆雅致、聪慧。

"起向绿窗高处看,题遍。"充满生活气息,可见辛弃疾夫妻二人感情甚笃,生活情趣盎然。

琴瑟和谐,岁月静好。然而天有不测风云,人吃五谷杂粮,难免有小病小灾。他们隐居上饶的时候,范氏忽感身体不适,这可急坏了辛弃疾。他连忙差人叫来大夫,为范氏把脉诊断。

辛弃疾有位美貌多艺的侍妾,叫整整,甚得他欢心。大夫为范氏治病时,整整侍立在侧,辛弃疾担心大夫不尽心,对大夫说:"如果把老妻病治好,就将这位美女送给你。"过了几天,范氏的病痊愈,至于辛弃疾是否信守承诺,整整的命运如何,众说纷纭,莫衷一是。想来辛弃疾还不至于穷困若此,真的把侍妾送人。不过从中足以看出,范氏在他心中无可替代的位置。

范氏与辛弃疾同岁,是陪伴辛弃疾最长的爱人。有一年,范氏生日,辛弃疾感谢妻恩,作词一首,赠送范氏。

浣溪沙

寿酒同斟喜有余,朱颜却对白髭须。两人百岁恰乘除。

婚嫁剩添儿女拜,平安频拆外家书。年年堂上寿星图。

"两人百岁恰乘除",是说两个人年龄相加,恰好百岁,所以这是个值得纪念的寿辰。这个时候,辛弃疾已历经岁月沧桑,须发皆白,而范氏青春红颜,依然年轻。女人最怕容颜老,词人用朱颜和白髭须对比,赞美范氏美貌依旧。

范氏为辛弃疾育有七子一女,加上赵氏留下来的二子一女,辛弃疾总共九子二女。这些儿女渐次婚嫁,隔段时间就有喜事临门,所以叫"婚嫁剩添儿女拜"。亲友也都经常寄来书信,报告平安,所以夫妻二人"频拆外家书"。词人最后祝福年年有今日,岁岁有今朝。

这一种爱情,"执子之手,与子偕老";这一种生活,"琴瑟在御,莫不静好"。

辛弃疾与范氏琴瑟和谐,与范氏的兄长范如山也秉性相投、相处融洽。后来,他把自己的大女儿许配给范如山的儿子范炎,两家亲上加亲,世代交好。

范如山只做过一些地方小官,看到妹夫有出息,官阶节节高升,心中不服。荆湖北路转运副使张栻调任他为辰州泸溪县令,范如山嫌官小,不愿去。辛弃疾写一首词开导他。

破阵子

掷地刘郎玉斗,挂帆西子扁舟。千古风流今

在此，万里功名莫放休。君王三百州。

　　燕雀岂知鸿鹄，貂蝉元出兜鍪。却笑卢溪如斗大，肯把牛刀试手不？寿君双玉瓯。

　　鸿门宴上，项羽不杀刘邦，项羽的谋士范增愤怒地将刘邦进献的玉斗（玉制酒器）摔在地上，拔剑劈为两半。

　　范蠡辅佐越王勾践打败吴国后，归隐山林，同西施一起泛舟西湖。

　　辛弃疾举这两个例子，意在告诉大舅子，这些人之所以能够名垂千古，在于建立了不朽功名。范增和范蠡都与范如山同姓，辛弃疾精心选取两个典故，更有激励作用。

　　"不积跬步，无以至千里；不积小流，无以成江海。"有鸿鹄之志是好事，但"貂蝉元出兜鍪"，兜鍪是士兵戴的战盔，貂蝉为贵族帽子上的饰品。辛弃疾的意思是，经过战场厮杀，立下大功，才能换取地位和富贵。人生没有随随便便的成功，不经历风雨怎么见彩虹。

　　整首词，对大舅子的好高骛远进行了含蓄的批评。

　　有意思的是，经过劝解，范如山刚刚上任，辛弃疾就替代张栻，成为荆湖北路转运副使。大舅子在妹夫手下为官，不知作何感想。

　　后来辛弃疾被免官，闲居江西的带湖，范如山还是小小的县令。一次范如山回京口家中,辛弃疾为他送行,离愁别绪涌来,辛弃疾泪如雨下。

蝶恋花

泪眼送君倾似雨。不折垂杨,只倩愁随去。
有底风光留不住,烟波万顷春江橹。
老马临流痴不渡。应惜障泥,忘了寻春路。
身在稼轩安稳处,书来不用多行数。

通篇真情流露,可见二人不仅是亲戚,而且是朋友、至交。

吊古

> 透过历史,更容易看清现实里的自己。
>
> ——题记

乾道四年(1168年),在辛弃疾上书《美芹十论》之后,宋孝宗终于意识到这是一个被埋没、被闲置的人才,因此从广德军通判迁升他任建康府通判。虽然依然是通判,但对于辛弃疾,却有不一样的意义。

建康旧称金陵,东吴、东晋和宋、齐、梁、陈六个小朝廷在这里建都,所以称为"六朝古都"。旧传,金陵有帝王之气。诸葛亮称赞它"钟山龙盘,石城虎踞,真帝王之都也"。李白《永王东巡歌》:"龙盘虎踞帝王州,帝子金陵访古丘。"宋抗金名将李纲也形容它"江山雄壮,地势宽博"。南宋的主战派,几乎全部主张建都建康,但宋高宗担心这里离前线太近,没有采纳,而是把建康作为长江防线的重要门户,定为陪都。主战派对建康有着异乎寻常的感情,这是辛弃疾看重这个职务的一个原因。

作为陪都,自然与江阴、广德这样的小地方大为不同。建康是达官权贵居住和来往的地方,在这里,可以接触到高层人士,对实现自己的抱负大有帮助。辛弃疾就是在建康参加皇族赵彦端的寿宴,进献《水调歌头》的。

这个时期,与辛弃疾来往最多的是史致道。史致道名正志,致道是他的字。历史上的史致道在政治上颇为投机,但总体上属于主战人士,胸怀壮志,想要做一番事业。他有一定军事才能,曾作《兵鉴》,阐述用兵之道;作《边问》,论江淮防守。他向朝廷进献《保治要略》八篇和《恢复要览》五篇,提出"国家根本在荆襄巴蜀,防守利害在两淮"的战略观点。

当时,史致道任建康留守、知建康府兼沿江水军制置使,集军政大权于一身,俗称帅臣。他在建康任上建造战船,加固城墙,催筑坞垒,巩固长江防线,特别是在水军建设方面做出了很大贡献。

史致道的战略思维跟辛弃疾颇为契合,辛弃疾很敬重这位顶头上司，经常跟他一起探讨恢复大计。有一次参加史致道的宴会，辛弃疾心有所感，即兴写下一首《满江红》。

满江红

　　鹏翼垂空，笑人世，苍然无物。又还去、九重深处，玉阶山立。袖里珍奇光五色，他年要补天西北。且归来，谈笑护长江，波澄碧。

　　佳丽地，文章伯。《金缕》唱，红牙拍。看尊前飞下，日边消息。料想宝香黄阁梦，依然画舫青溪笛。待如今、端的约钟山，长相识。

《庄子·逍遥游》中记载，有种鸟叫鹏，"鹏之背，不知其几千里也；怒而飞，其翼若垂天之云"。大鹏张开翅膀，遮天蔽日，俯视人间，白茫茫一片，看不到有什么顶天立地的大人物。大鹏一直飞到天庭深处，伫立在玉阶前。他的袖里藏着女娲用过的五色石，要用这五色石修补西北崩裂的天空，现在暂且寄居建康，谈笑间守卫长江防线，保卫和平，让江水碧绿澄净地流淌。

上阕把史致道比作大鹏，志向远大，才能出众，胸怀抗金复国大计，主持长江防务政绩卓著。

下阕祝史致道建功立业、大展宏图。

谢朓《入朝曲》："江南佳丽地，金陵帝王州。"佳丽地在此代指南宋统治地区。伯是兄弟中的长者，文章伯指文坛高手。"金缕"是曲调名，"红牙拍"是歌唱时击打的乐器。这两句赞史致道是写作能手，创作的词被广为传唱。"尊"同"樽"，酒具。"日边"指朝廷。大家正在饮酒唱歌，忽然圣旨传下，圣旨宣什么内容呢？"料想宝香黄阁梦"，料想是让他到朝中做丞相吧。皇帝的诏书散发着印泥的香味，"宝香"专指圣旨。丞相办公的地方不敢用朱红，为有别于皇上，特意涂上黄颜色，叫"黄阁"。词人认为，史致道入阁是意料之中的事情，他也会以平常心对待，会"依然画舫青溪笛"，依然乘着游船，听着青溪上的笛声，过着潇洒从容的生活。"待如今"承接上句，老朋友入阁后还会怀念建康的山水，常来钟山和大家欢聚唱和，流连徜徉。

结尾曲笔传情，艺术手法高超。词人希望史致道飞黄腾达后还能想起老朋友，但不挑明，只说史帅会记住画舫青溪，长约钟山山水，笔法含蓄，感情真挚，老朋友、长相识的深厚友情，都蕴含在这妙笔巧思之中。

幼安词，往往直抒胸臆，从这首词中，可以读出他含蓄的一面。

辛弃疾借赞美史致道，抒发自己怀才不遇、抱负难施的郁闷，也是词中应有之义。

辛弃疾还有一首《千秋岁》，也是同一时期的作品，表达了与《满江红》几乎完全相同的意思。

也许是辛弃疾有先见之明，也许是托辛弃疾吉言，不久，史致道果然被调到朝中任职，不过不是丞相，而是户部侍郎。

辛弃疾引史致道为知己，对这位老领导、老朋友依依不舍，约他一起登高望远，吟赏烟霞，畅谈友情，抒发壮志。这次他们登临的是赏心亭。

赏心亭建于宋真宗年间，位于建康城西秦淮河畔。秦淮河是金陵的象征，也是金陵繁华奢靡所在，画舫来往于河面，琴声歌声飘荡于两岸，达官贵人、商贾歌女聚集这里，每日演绎着歌舞声色、纸醉金迷。许多诗人在秦淮河畔吊古伤今，如唐代诗人杜牧抒写亡国之恨的《泊秦淮》："烟笼寒水月笼纱，夜泊秦淮近酒家。商女不知亡国恨，隔江犹唱后庭花。"走进秦淮，恍然犹如隔世。

赏心亭名叫亭，其实是一座三层的楼阁，离秦淮河繁华之处尚有一段距离。登楼眺望，既能看到秦淮河繁华之处的灯彩烟霭，又能看到长江澎湃的激流和钟山的雄姿，可谓尽得金陵风情，所以文人雅士、诗人词家，到这里观景览胜、吟诵歌咏的更多了。苏东坡、张孝祥等都曾在这里留下墨迹。

辛弃疾与史致道在赏心亭上摆好宴席，以酒饯行，喝到高兴处，有歌伎舞女，红牙击拍，咿呀婉转，唱着流行的词曲，添助酒兴。歌伎先唱一首柳永的《望海潮》，描写临安繁华豪奢，史致道正要到临安任职，刚好应景。

然后又唱苏东坡的《望江南》，那词唱道："春未老，风细柳斜斜。试上超然台上看，半壕春水一城花。烟雨暗千家。　寒食后，酒醒却咨嗟。休对故人思故国，且将新火试新茶。诗酒趁年华。"这是苏轼在密州时，登超然台所作，词中描写春天风物，抒发思乡感情，有淡淡惆怅和失落，最后表达作者豁达洒脱、超然卓立的人生态度。

密州与济南都在齐鲁大地，辛弃疾听着这歌声，不由想起故乡，想起中原故土，想起"壮岁旌旗拥万夫"的峥嵘岁月，心中泛起比苏词更深的惆怅。即将赴任的史致道正兴高采烈，没有注意辛弃疾的微妙变化，连连喝彩道："我朝词人，数来数去，无出东坡其右。都说东坡词须执铜琵琶、铁绰板，慷慨而歌，我觉得这首《望江南》，还是二八佳人演唱最佳。"

歌伎演唱的第三首词，是南唐后主李煜的一首《蝶恋花》："遥夜亭皋闲信步，乍过清明，早觉伤春暮。数点雨声风约住，朦胧淡月云来去。　桃李依依春暗度，谁在秋千，笑里低低语。一片芳心千万绪，人间没个安排处。"

这是一首伤春的曲子，写愁情春恨，质朴无华，淡雅疏朗，确是一首佳作。不过在辛弃疾和史致道听来，徒增悲情。辛弃疾厉声呵斥："李后主积弱江南，归为臣虏，在这家仇国恨之时，怎么能唱亡国之音！"歌伎吓得抖作一团，不敢发声。史致道摆摆手，冷冷说道："都下去吧。"

歌伎退下去后，史致道对辛弃疾说："幼安，今日虽为送别，但也是高兴事。千万不要被几个小女子扫了兴致。不如兄弟你把酒赋诗，以壮行色，如何？"

受苏轼和李煜词作的影响，辛弃疾心中颇多感慨，早已如鲠在喉，不吐不快，于是走到亭廊，望着秦淮旧地，略作沉思，作词吟诵。

念奴娇

我来吊古，上危楼，赢得闲愁千斛。虎踞龙盘何处是？只有兴亡满目。柳外斜阳，水边归鸟，陇上吹乔木。片帆西去，一声谁喷霜竹？

却忆安石风流，东山岁晚，泪落哀筝曲。儿辈功名都付与，长日惟消棋局。宝镜难寻，碧云将暮，谁劝杯中绿？江头风怒，朝来波浪翻屋。

这哪里是壮行色，分明是抒发心中块垒！马上要告别老上司,辛弃疾把几年来想说的话,都写进这首词里了。

词的开篇,劈头亮出"闲愁千斛",让人措手不及。愁从何来?且听下文交代。人们都说建康乃虎踞龙盘之地,但词人看到的却只有亡国的征兆。天色向晚,斜阳西沉,倦鸟归林,落木萧萧。秦淮河上,一只小船孤独地向西城郊荒凉处驶去,船上传来的笛声也分外凄凉。

这是一片衰败消沉的景象。

想当年谢安和一帮文人在会稽渔弋山水,何等风流;淝水之战指挥若定,何等功业!然而晚年遭受皇帝猜忌,仍然免不了有泪落哀筝之悲。他只好把建功立业的机会交给晚辈,自己靠下棋打发时光。知音难寻,韶华易逝,有谁能和我一起借酒消愁?明天江头将有狂风巨浪,恐怕会推倒岸上的房屋。

下阕用了谢安的典故。谢安,字安石,东晋人,曾长期隐居在会稽东山,和王羲之等文人渔弋山水、言咏属文。四十一岁那年,他来到建康(当时称建业)出仕,在建康东面的一座土山上建造房屋,居住在那里,自己取名也叫东山,因此谢安又被称为谢东山。谢安曾经在淝水之战中打败前秦,挽救东晋社稷,立下大功。他是淝水之战的决策者,战争开始时,他派侄子谢玄到前线领兵作战,自己在东山与客人从容下棋。客人不安,谢安却把侄子谢玄的喜信放在一边,淡定地说:"孩子们已经破敌。"

谢安功高震主,受到皇帝的猜忌和疏远。一次宴会上,皇帝命擅长音乐的桓伊弹古筝,桓伊弹奏并演唱了一首曹植的《怨歌行》,为谢安鸣不平。谢安感伤得泪满衣襟。后人用"泪落哀筝曲"形容受到猜忌,不被重用。

辛弃疾用谢安自比,满腹才学,却得不到重用,被疏远闲置,表达了怀才不遇的愤懑。

"宝镜"亦是典。唐李浚《松窗杂录》中记载,秦淮河有渔人网到一面宝镜,能照见五脏六腑,渔人大惊,失手将宝镜落入水中,后来再也没有找到。辛弃疾用"宝镜难寻",说明自己的忠心无人鉴察、知音难觅的苦闷。

最后两句,暗示时局险恶,金人随时有可能挑衅进犯,意在警醒朝廷应未雨绸缪,重用像自己一样的人才。

这首词,起笔突兀,而行笔深沉,意气贯通其中,龙腾虎跃,有拍案惊奇之妙,达到了相当高的艺术境界。后人评辛弃疾词的"慷慨纵横,有不可一世之慨"在这首词中得到生动的体现。

辛弃疾吟诵完毕,史致道击掌叫好:"幼安,你的词不输东坡矣!"

这是对辛弃疾词的最高评价,也是对他此时心情的深深理解和认同。

召对

> 没有人能够左右自己的命运,在政治旋涡里只有随波逐流。
>
> ——题记

史致道回到朝中不久,向孝宗举荐辛弃疾。孝宗还记得这位中原归正的英雄,还记得他的《美芹十论》,决定见见他,当面考察一下他的才干。

公元 1170 年,宋孝宗在皇宫延和殿召见辛弃疾。

能受到皇帝专门召见,是一种特殊待遇,也是加官晋爵的特殊机会,关键看本人是不是能够通过应对,讨得皇上欢心。

辛弃疾自然明晓其中利害，他面临着两种选择，一种是迎合孝宗，隐匿自己内心真实的想法，一种是借机推销自己的思想，以此影响皇帝的决策。

如果为自己前程，选择第一种；如果为大宋江山社稷，选择第二种。

辛弃疾认真准备了功课。他必须面对的问题是：孝宗在想什么，自己怎样应对孝宗。

隆兴北伐失败后，宋金两国达成和议，至今已经七年。七年来，两国风平浪静，宋朝君臣太平安乐，已经将战争和北伐抛到脑后。如果从自己的仕途着想，应该顺应孝宗，只谈怎样治理国家，发展经济，扶助农桑，不谈或者少谈宋金战备。即使谈到战备，也应以防守为主，避免用北伐刺激孝宗，勾起他痛苦而恐惧的记忆。然而，辛弃疾不愿浪费这次难得的机会，他要遵从自己真实的意愿，当面向皇帝讲述自己收复中原的主张和规划。

这一天，延和殿庄严肃穆，孝宗赵昚高坐大殿龙椅之上，从大殿台阶下，根本看不清他的面容表情。一班高官辅宰分列左右，个个凝神注目，不敢有些许轻佻和恍惚。

辛弃疾站在大殿之下，礼毕平身，不卑不亢，开始侃侃而谈。他先从南北形势说起，论述收复中原的必要性和可行性，这些内容，在《美芹十论》中多有论述。接着，他回溯历史，讲述三国东吴、东晋、宋、齐、梁、陈六朝盘踞江左，内政外交的得失，提出巩固国防、强化军事、擢拔人才、训练士兵、屯田两淮等一系列政治主张。辛弃疾引经据典，持论劲直，知无不言，在南宋的最高殿堂讲述近半个时辰。他明知不会为朝廷所用，但把几年来郁积心中的主张全盘托出，自觉酣畅淋漓，大感畅快。

孝宗不是一位昏聩的皇帝，他一直没有打断辛弃疾口若悬河的论述，从辛弃疾的应对中，他意识到这确是一位难得的人才，但在宋金大局已定的情况下，这样的人才，在当下没有用武之地。孝宗想让辛弃疾有更多的历练，在内政方面有所作为，因此这次延和殿召对不久，便将辛弃疾调到临安，担任司农寺主簿。

司农寺是掌管粮食储存和发放官吏禄米的机构，主簿是主管文书簿籍的官员，官阶七品，秩级上并没有明显的提升，但从地方到朝廷，在皇帝身边工作，会有不一样的际遇。从前程考虑，在朝中为官，以后更容易得到升迁。

临安是堆金积玉、软玉温香之地，不像建康处于长江咽喉，担负着扼守京师的重任。临安灯红酒绿、纸醉金迷。作为京官，最多的活动是酒宴应酬。

辛弃疾来往频繁的人，大多是他的故人，比如史致道。可惜不久史致道受排挤离开临安，到永州居住。没有人能够左右自己的命运,在政治旋涡里只有随波逐流。从这位上级身上,辛弃疾初步见识了世事无常和人生起伏。

在建康时的另外一位老朋友赵彦端,这时候在朝中做太常少卿,经常邀辛弃疾一起欢宴歌乐、游弋唱和。辛弃疾在临安的一些唱和之作,对象大多是赵彦端。他与赵彦端赏玩春色,"有酒重携,小园随意芳菲",写道:"绿树如云,等闲付与莺飞。""翠屏幽梦,觉来水绕山围。"江南春色清新可人,辛弃疾为此而陶醉。

"上有天堂,下有苏杭",临安山川秀丽,处处皆美景。西湖、飞来峰等钟灵之地,都留下了辛弃疾的足迹和墨迹。

临安乃天子脚下,举目皆权贵,所以辛弃疾很低调。这时期,他无论说话,还是作词,都少了愤懑慷慨,多了委婉屈曲,像北宋前期的富贵文人一样,感叹时光,抒写闲愁。如在另一首与赵彦端的唱和之作中,他写道:"春色如愁,行云带雨才归。春意长闲,游丝尽日低飞。闲愁几许,更晚风、特地吹衣。小窗人静,棋声似解重围。"这些词反复吟咏愁绪,究竟在愁什么?无非是花开花落,燕去燕归。词人内心或许有更深的悲苦,如收复中原的宏愿不被重视,知音难觅,但词人将这些悲苦揉碎,调进日常风物之中,其中味道,只有细细咀嚼才能品出。

细碎的日子里除了淡淡的闲愁，还有临安的繁华。辛弃疾从小生长在兵荒马乱的中原，蓦地来到锦织玉砌的都城，怎能错过这一片富贵烟云。

都市最喧闹的，莫过于节日。元宵节庆典是传统节日中最富丽堂皇的，处处张灯结彩，舞龙戏虎，全民参与其中，非其他节日可比。辛弃疾在临安时间不长，恰好在这里度过了一个元宵节。这天晚上，他站在临街的酒楼上，边饮酒，边观赏，默默地记下当时的情形。

青玉案

东风夜放花千树，更吹落、星如雨。宝马雕车香满路。凤箫声动，玉壶光转，一夜鱼龙舞。

蛾儿雪柳黄金缕，笑语盈盈暗香去。众里寻他千百度，蓦然回首，那人却在，灯火阑珊处。

该词极力渲染了元宵节晚上的热闹场景，然而词人自己却置身事外，冷眼旁观。

"东风夜放花千树，更吹落、星如雨。"从远处观察，大处着笔，有新奇，也有冷峻，有激情的渲染，又保持着适度的淡定，给人以极强的空间感和距离感。这个时候，词人像个侠士，对眼前的世界怀揣着足够的热情，但又仿佛与它无关。

"宝马雕车香满路。凤箫声动,玉壶光转,一夜鱼龙舞。"将镜头拉近,写宝马雕车,写各种各样的灯,写人头攒动、彻夜不眠的街道。这一切华美、瑰丽,充斥着奢华气息。

"蛾儿雪柳黄金缕,笑语盈盈暗香去。"镜头在灯海中寻寻觅觅,最后定焦在人的身上。美人头戴亮丽的饰物,笑语盈盈,香气袭人,稍不留神就消失在人群中。这时候,主人公仿佛是位翩翩公子,将注意力都集中到了美女身上。

"众里寻他千百度,蓦然回首,那人却在,灯火阑珊处。"寻谁?寻找刚才的美女吗?还是早已约好了的佳人?然而人山人海之中,想要寻得她的身影,谈何容易!正在心烦意乱、一筹莫展之时,不经意地回头,发现朝思暮想的她,原来就在绚丽烟花的尽头。这时候,主人公像一位上下求索的志士,又像踏遍青山的游子。

侠士、贵族、美女、游子,辛弃疾的元宵,以及他眼中的元宵。

整首词从第三者的视野看繁华,又从繁华到落寞,形成一个"圆",词人在这个循环里感悟到了什么?像人生,无论多么轰轰烈烈、多么精彩,最终将归于沉寂。

沉寂,是的,沉寂!词人从元宵的花灯焰火里,预见人生的结局，因此落寞成伤。

　　此时的辛弃疾，已经窥透南宋朝廷的偏安心态，收复中原的希望越来越渺茫，他从中预见北伐和自己的命运，终将落寞成伤。

第三章

醉里挑灯看剑

- 滁州
- 平寇
- 宦游
- 革弊
- 治荒
- 罢免

滁州

政通人和是官员最好的奖杯。

——题记

延和殿召对之后,辛弃疾又写成军事著作《九议》。他的杰出的政治军事才干和卓越的文才,引起一个人的注意,这就是当朝宰相虞允文。

虞允文是一介书生,一个偶然机会将他推向抗金战争的第一线。1161年,完颜亮挥师南下,宋军在建康府采石矶驻扎抵抗。当时建康都统制王权因无能被罢官,接替王权的将领李显忠尚未到任,军无主帅,人心惶惶。时任中书舍人的虞允文代表朝廷到采石矶慰劳军队。眼看形势危急,虞允文毅然担负起军队主帅的职责,动员将士决一死战,最终以一万八千兵力将十五万金军击败,南宋取得南渡后最为关键的一场胜利,从而转危为安。

虞允文任宰相后,大力提拔贤良之士,将自己欣赏的人才的信息写在竹简上,随身携带,其中就有辛弃疾。

1172年春,辛弃疾任司农寺主簿一年多后,被虞允文外派,知滁州府。

对于辛弃疾来说,这是一次重要的任命。作为滁州府的一把手,他有机会将他的军政主张付诸实践。这时候,他三十三岁,南渡已经十年。

滁州接壤建康西北,位于淮南东路与淮南西路之间,属淮南东路。唐朝名相李德裕,北宋名臣王禹偁、欧阳修都曾在滁州做官,欧阳修还写下了《醉翁亭记》这样的名篇。《醉翁亭记》开篇道:"环滁皆山也。"滁州四面尽山,地势险要,自古有"金陵锁钥、江淮保障"之称,地理位置十分重要。吴王孙权曾在这里阻击魏军,宋太祖赵匡胤为后周大将时,也曾在这里大破南唐军队。

滁州曾经繁华,气越淮扬、夙贯淮东。"至于负者歌于途,行者休于树,前者呼,后者应,伛偻提携,往来而不绝者,滁人游也。"这只是滁州郊区山林中的热闹情形,其闹市区的景象可想而知。

靖康后，江淮一带成为宋、金对垒的前沿，滁州多次被金兵攻陷，百姓外逃，城垣残破，经济生产受到严重创伤，城镇成了焦土荒野，房屋成为瓦砾草场，整个滁州破败不堪。除了战争的破坏，滁州又遭逢连续多年的水灾、旱灾，庄稼颗粒无收，百姓饥寒交迫，可谓民不聊生，百废待兴。

正是在这种情况下，辛弃疾被派到滁州。

辛弃疾在《美芹十论》中最为看重的两淮核心地带，就包括滁州。虞允文将他派往滁州，确是用心良苦。

自己钟情的地方，即使残破，辛弃疾也将全力以赴。何况他本身就是勇于担当、勤政爱民的官员！他把知滁州当作独当一面、实施政治抱负的难得机会。

辛弃疾在滁州任上不足两年，就让滁州发生了天翻地覆的变化。

辛弃疾治理滁州的方剂是休养生息。西汉初年，全国刚刚经历过战争，百业凋敝，朝廷实行休养生息政策，减轻对农民的剥削，轻徭役，薄税赋，劝农桑，促进了经济发展，到汉武帝时，民富国强，得以远征树威。辛弃疾遍读史书，认为眼下的滁州与西汉初年颇为相似，于是对境内百姓施行休养生息的政策，帮助他们恢复生产。

由于贫困，滁州历年积欠赋税共五千八百贯，辛弃疾专门上书《谢免上供钱启》，请求朝廷全数豁免，减轻群众生活负担，让他们把为数不多的钱用于农业生产。

他组织力量到山上砍伐树木、烧制砖瓦，租贷给逃亡当地的百姓，让他们盖房子，定居下来，参与建设。

他还实践《美芹十论》和《九议》中的策略，租土地、租钱粮，分农具、牲畜、粮食种子等，吸引从中原归正的农民，以及无家可归的流民，进行"屯田"活动。这些屯田的农民，忙时下地农耕，闲时编组成民兵，进行战斗训练。

儒家长期重农耕，轻工商，工商业在长时期内受打压。宋朝相对开明，商业发达，但仍然成不了主流。辛弃疾虽然服膺儒教，但绝不迂腐，他在恢复农业生产的同时，鼓励商业。他规定，凡在滁州境内买卖经营者，商业税减去十分之七，吸引商户向滁州集聚。他组织人力物力，在满是瓦砾乱草的街道两旁，盖上商铺、药店、酒馆、旅社，租给本钱比较小的商户，方便外地人落脚，促进贸易繁荣。辛弃疾在经济上有超前意识，那时候，他就有强烈的市场观念，他把商户集中起来，为他们建设专门的商贸城，取名"繁雄馆"。

种种举措，让滁州在短时间内百废俱兴，粮食当年获得丰收，稻米堆满仓库；滁州城出现欣欣向荣的景象，商贾云集,往来行旅络绎不绝。

欧阳修知滁州时,鉴于他在文坛的巨大影响力,天下文人对滁州心驰神往。欧阳修笔下的"醉翁亭""丰乐亭""怀嵩楼"等,成为文化符号,使人景仰。战火中,这些景物惨遭破坏,荡然无存。辛弃疾虽然向往军旅,但也是不折不扣的文人,不遗余力地发展滁州文化事业。

百姓安居之后,他在滁州城西选一块环境幽雅之处,建造了一座景观楼,供居民登临游乐,取名"奠枕楼"。奠枕是安枕以卧的意思,形容局势安定,社会繁荣。辛弃疾解释"奠枕楼"的名字说:"我给这座楼取名奠枕,不是让游客来楼里享受奢侈,而是为了见证滁州人民的闲适和快乐,我也因此能够享受片刻的安逸。"

奠枕楼落成之日,辛弃疾与当地群众举杯同庆,对他们说:"现在清理了战争遗留的残破局面,粮食获得大丰收,人民安居乐业,我与父老乡亲登楼同乐,极目山川,郁郁葱葱,林壑幽美,想起醉翁之遗风,岂不美哉!"

建造楼馆在古代属于大工程,是彰显政绩的重要方式,用于游乐赏玩的建筑,又是文人雅事,格外受重视,所以北宋滕子京在岳州修缮岳阳楼,请远在邓州的范仲淹作记,因此才有千古名篇《岳阳楼记》。奠枕楼建成后,辛弃疾也按照惯例,请朋友记之。他请福建市舶司的严子文作记,严子文欣然同意,但由于路途遥远,便请平江府府学教授代笔,撰写了一篇《代严子文滁州奠枕楼记》。辛弃疾同乡好友周孚也撰了《奠枕楼记》。两篇"记"记述了辛弃疾在滁州的政绩,以及建造奠枕楼的缘由。

辛弃疾经常登临奠枕楼,游弋赏玩,他在这里度过了一生中少有的快乐时光。他写给朋友的一首词中道:"春事到清明,十分花柳。唤得笙歌劝君酒。酒如春好,春色年年依旧。青春元不老,君知否?"柳色春浓,美酒笙歌,光彩妍泽,芬芳盈面,正好映衬词人此时的心情。这些日子给了他温暖的记忆。离开滁州后,他在给妻兄范如山写的词中道:"奠枕楼头风月,驻春亭上笙歌。"奠枕楼之于辛弃疾,犹如醉翁亭之于欧阳修。

奠枕楼建成后,一些朋友纷纷前来参观游赏。辛弃疾热情好客,领着他们登楼望远,为他们指点滁州山川。这天,他和朋友李清宇登楼,两人互相唱和,辛弃疾写下一首《声声慢》。

声声慢

征埃成阵,行客相逢,都道幻出层楼。指点檐牙高处,浪涌云浮。今年太平万里,罢长淮、千骑临秋。凭栏望,有东南佳气,西北神州。

千古怀嵩人去，还笑我、身在楚尾吴头。看取弓刀，陌上车马如流。从今赏心乐事，剩安排、酒令诗筹。华胥梦，愿年年、人似旧游。

词的上阕开头几句赞扬奠枕楼的宏伟气势，其后描述登楼眺望的情形。下阕写滁州大治之后的愉悦心情。

李德裕为滁州刺史时，曾修建怀嵩楼，表达对中原的留恋之情，后来他如愿以偿回到京洛。词人引用这个典故，表达了自己思念故土，渴望早日收复中原的愿望。

忙于滁州政务的同时，陶醉在"十分花柳""酒如春好"之中的辛弃疾，没有松懈自己收复中原的斗志。滁州毗邻前线，有利于观察敌情。辛弃疾通过屯田，吸引许多中原百姓，从他们口中了解到更多关于金国的情报。辛弃疾根据观察和情报分析，发现金国内部矛盾剧烈，纷争不断，金国上层享受安逸，日益腐败，这些更使他坚信了自己在《美芹十论》中的判断，金国统治不可能长久。

他从侧面了解到金国的北方，蒙古族正在崛起。这个民族生命力强盛，能征善战，发展迅速，这引起辛弃疾的警惕和忧虑。他指出："仇虏六十年必亡，虏亡则中国之忧方大。"意思是金国灭亡后南宋面临的威胁更大。

当时是公元1173年，六十年后，1233年，金国灭亡，不久，南宋也被蒙古吞并。

这么准确的预言，只有伟大的战略家才能够做到。可惜，南宋"暖风熏得游人醉，直把杭州作汴州"，朝廷不愿意再去考虑战争与和平的大问题，不愿意直面六十年之后的劫难。

假如当时南宋朝廷真正重视起这份珍贵的情报分析，并积极起用辛弃疾，采取应对之策，不知历史能否改写。

可惜，一切不容假设。难怪后人感叹："惜乎斯人之不用于乱世也。"

平寇

> 人生，在不经意的转角处，会遇到一个意想不到的自己。
>
> ——题记

辛弃疾在滁州政绩突出，得到擢拔，乾道九年（1173年）冬，迁任江东安抚使参议官。江东是江南东路的简称，辖现在的浙江省、江苏省的长江以南地区，以及江西省东部地区，首府设在建康。

南宋官制最为复杂，各路设有四种长官：安抚使掌管军事政务，俗称"帅臣""帅司"；转运使掌管财赋民政，俗称"漕臣""漕司"；提点刑狱司掌管司法监察，俗称"刑官""宪司";此外,还有提举常平广惠仓,掌管粮食、矿业,俗称"仓台""仓司"。四者合称"四司",互不隶属,且均有按察官吏之权,可以相互制约。参议官是安抚使的幕僚。

由州府级正职到路级副职,算是擢拔使用。由滁州重回建康,算是故地重游。

建康留给辛弃疾印象最深的,还是赏心亭。六年前,他在这里写下名篇《念奴娇》,发出"宝镜难寻,碧云将暮,谁劝杯中绿?"的感叹。

现在,辛弃疾再一次来到赏心亭,寻找六年前的激情。六年来,在朝中和地方上经历了磨炼,他更成熟,更现实,也更自信。对自己信心越足,越渴望有更广阔的天地翱翔。然而,朝廷要么沉耽一隅,要么急功近利,仓促北伐,这些都是他不赞同的。辛弃疾心中的北伐,应该首先巩固国防,操练军队,厉兵秣马,等有了压倒性优势,一举定乾坤。如果胜算不大,宁可不动,不可轻动。

这种心绪之下,辛弃疾在赏心亭上,再次感兴情怀,写下其极负盛名的《水龙吟》。

水龙吟

楚天千里清秋,水随天去秋无际。遥岑远目,献愁供恨，玉簪螺髻。落日楼头，断鸿声里，江南游子。把吴钩看了，阑干拍遍，无人会，登临意。

休说鲈鱼堪脍，尽西风，季鹰归未？求田问舍，怕应羞见，刘郎才气。可惜流年，忧愁风雨，树犹如此！倩何人唤取，红巾翠袖，揾英雄泪！

春秋战国时，长江中下游大部分地区曾属楚国，金陵也不例外，因此称"楚天"。上阕写赏心亭上看到的景物，"清秋"一词，已经为全词定下基调。秋天，天气转冷，草木摇落，给人以悲凉的感觉，所以古代有"悲秋"之说。早在战国，屈原和宋玉就为秋天作了诠释，成为诗词悲秋的滥觞。屈原《湘夫人》："袅袅兮秋风，洞庭波兮木叶下。"宋玉《九辨》："悲哉秋之为气也，萧瑟兮草木摇落而变衰。"唐朝气象阔大，然诗人笔下秋色依然悲怆。杜甫《登高》："万里悲秋常作客，百年多病独登台。"李白《赠庐司户》："秋色无远近，出门尽寒山。"李商隐《宿骆氏亭寄怀崔雍崔衮》："秋阴不散霜飞晚，留得枯荷听雨声。"汉武帝这样雄才大略的帝王，面对秋风，也悲叹："秋风起兮白云飞，草木黄落兮雁南归。"

有了清秋的基调，词人登高所见，水天、山峦、落日、鸿雁，无不染上悲凉的色彩。水天无际，故乡遥不可及；

山峦起伏，却是献愁供恨；鸿雁南飞，声声凄鸣，呼唤的都是游子。

辛弃疾南渡已有十多年，然而他始终认同自己是北方人，只是暂时客居江南，等待收复了旧山河，一定会回到中原。因此，看见水天无际，山峦起伏，鸿雁哀鸣，思乡之情油然而生。

北方人是辛弃疾对自己的身份认同，在别人眼里，他早已成为江南人。而他自己，只把江南做宦游。"江南游子。把吴钩看了，阑干拍遍，无人会，登临意。"他收复中原、回归家乡的心愿，没有人能够体会，这比有家难回更令他伤感。吴钩是宝剑，这样阳刚之物，却能写出如此凄凉之意，这种功底，只有辛弃疾能够做到吧。

下阕用了两个典故。西晋张翰，字季鹰，在洛阳做官，见秋风起，想起吴中老家的菰菜、莼羹、鲈鱼脍等美味，说："人生最可贵的是开心，怎么能让名利羁绊在千里之外呢！"于是毅然决然辞官回到吴中。

张季鹰思念故土，尚能来去自由。弃疾纵然能够放弃名利，也难以回到家乡。词人用张季鹰的典故，把思乡推向了极致。

"求田问舍"，说的是三国许汜拜访名士陈登，陈登傲慢无礼。后来许汜向刘备说起这事，刘备说："现在天下大乱，帝王失所，你不能忧国忧民，却向陈登提出田地屋舍的要求，陈登怎能不讨厌呢！"

辛弃疾用这个典故，说明已经有归隐之意，只是国耻未雪，自当忧国忧民，不能求田问舍，逃避责任。

"可惜流年"一句感叹时光流逝，功业难成。连树都有这样的感觉，可见忧愁之深！

男儿流血不流泪，何况顶天立地的英雄！是什么能够让英雄流泪？可惜流年，忧愁风雨，英雄无用武之地！

"倩何人唤取，红巾翠袖，揾英雄泪。"红巾翠袖指女子，宋代官员或文人游宴娱乐，都有歌伎在旁助兴侑酒。这是在感叹世无知己，得不到宽慰和理解。

俗话说英雄流血不流泪，流泪则让人心如苦莲，倍感凄凉。何况四顾茫茫，无人会登临意，竟找不到一个人可以倾诉心意！

这是有理想、有抱负、有担当的人最难以承受的人生悲剧！

这一句，和"阑干拍遍"句一样，用极富感染力的画面，直抒胸臆，表达无法宣泄的愤懑。因其强烈的画面感和真挚深邃的感情，成为千古传诵的名句。

江东安抚使参议官的直接上司是江东安抚使，当时任职的叫叶衡，字梦锡。早在辛弃疾任建康通判时，有幸结识叶衡,叶衡对他非常赏识。叶衡上任江东安抚使后,特意将辛弃疾调到建康。辛弃疾为叶衡写了许多词,如前文引用过的《菩萨蛮》。两人关系很密切。

叶衡是非常有才华的政治家,辛弃疾到建康不足一年,孝宗淳熙元年(1174年)冬,叶衡入京拜相。叶衡走后,辛弃疾惆怅万分,独自来到蒋山,写下了《一剪梅》。蒋山就是钟山,他们常常一起游赏的地方。

一剪梅

独立苍茫醉不归。日暮天寒,归去来兮。探梅踏雪几何时。今我来思,杨柳依依。

白石冈头曲岸西。一片闲愁,芳草萋萋。多情山鸟不须啼。桃李无言,下自成蹊。

这首词作非常有意思,大部分句子是前人写过的现成句子,辛弃疾随手拿来,却自然妥帖,丝毫不显突兀。

"独立苍茫醉不归"化用杜甫的诗句"此身饮罢无归处,独立苍茫自咏诗"。用独立苍茫形容蒋山之中的自己,显得孤立无助。

"日暮天寒"化用唐代刘长卿诗句"日暮苍山远,天寒白屋贫"。照应"独立苍茫",凄清之感挥之不去。

"归去来兮"出自陶渊明。陶渊明不愿忍受官场约束，挂冠辞官，回家种田，写下《归去来兮辞》，以明心志。这里词人写道：日暮天寒，自己一个人孤零零地从蒋山回来，引出下文的回忆。

"探梅踏雪几何时"，回忆与叶衡一起游赏蒋山的情形，充满欢乐、充满活力，与"日暮天寒，归去来兮"形成鲜明对比。唐代诗人孟浩然情怀旷达，常冒雪骑驴寻梅，曰："吾诗思在灞桥风雪中驴背上。"后人用"踏雪寻梅"形容赏爱风景的情致。

"今我来思，杨柳依依。"出自《诗经》。杨柳在诗文中是离别的意象，这里形容对叶衡恋恋不舍之情。

"白石冈头曲岸西"，白石冈是建康风景之一，是辛弃疾与叶衡经常游览的地方。想起他们一同游赏的情形，"一片闲愁，芳草萋萋"油然而生。"一片闲愁"出自柳永，"芳草萋萋"出自唐朝崔颢，都是表现羁旅行役、孤独寂寞的句子。这份孤寂，这份闲愁，不需要山中鸟儿悲啼，心中已惆怅不已。

"桃李不言，下自成蹊。"出自《史记》，这里赞扬叶衡德高望重，受人崇敬。

叶衡是又一位懂辛弃疾的人，离开他，辛弃疾心中的失落可想而知。

尽管二人在一起共事时间不长，叶衡也始终惦记着辛弃疾。他回到朝中不久，再次向孝宗推荐辛弃疾，说他"慷慨有大略"。孝宗对上次在延和殿侃侃而谈的青年才俊印象颇深，对他治理滁州的政绩甚为满意。他再次召见辛弃疾，并将他调任京官，任仓部郎官。仓部是户部下属单位，掌管大臣俸禄，仓部郎官为正七品，尽管品阶仍不高，但能够回到皇帝身边，是许多人梦寐以求的。

仓部郎官的宝座还没有暖热，辛弃疾就有了新的职务。这次，他有机会重跨战马，再持金戈，喋血沙场。

这要从宋代的一项商业政策——茶业管理说起。

自唐代始，茶成为中国普及性饮料，上至贵族、下至平民，都将饮茶作为日常生活的必备项目，茶树种植、茶叶加工、茶品销售则发展为一项庞大的产业。古代商业欠发达，朝廷征收赋税，除农业项目外，集中于盐、酒、铁等与国计民生相关的产品。所以，茶业一经崛起，唐政府就将其纳入税源，无论种茶的农户，还是卖茶的商户，都要向政府缴纳茶税。

至北宋，茶税已经成为政府税收的一项重要来源。北宋中期之后，政府开支庞大，财政入不敷出。神宗起用王安石变法，企图改善财政状况，但最终归于失败。北宋末年，蔡京为相，对民众的盘剥变本加厉，其中茶业成为政府开源增收的重要管道。

为了垄断茶业利润，蔡京将抽取茶税的做法，改为茶业国家许可、商户专营。具体办法是：官府发放茶业经营许可证，叫"长短引"，茶商持有许可证，方可到茶农处买茶。买茶之后，到官府验证，官府根据收购茶叶数量，为其办理批准文书，茶商才可到市场上销售。官府对茶商实行的管理税收制度，大大加强了对茶叶流通的控制，可以任意决定茶叶价格，为政府提供源源不断的税收来源。蔡京当政期间，每年征收茶税达四百多万两。四百万两是什么概念？北宋与辽国之间有个澶渊之盟，约定每年给辽国十万两白银。北宋茶税一项收入竟是其四十倍。

由于中国茶叶产地大多集中在南方，南宋尽管偏安淮南，但茶叶生产情况基本不受影响。淮河以北地区农业生产发达，南宋政府丢失中原后，农业税大为减少，对金国战争又比较频繁，供养军队数量庞大，所以财政更加窘迫。为了维持统治，南宋只好在茶税上挖潜增效，继续实行茶业专营，并不断加重茶税，加大对茶商的盘剥。茶商将税收成本传导到下游，导致茶叶价格高昂，百姓怨声载道。

茶叶价格虚高，茶叶终端价格与茶叶收购价格相差巨大，激起一些茶商的投机心理。他们开始贩运私茶，即不通过官府许可，私自从茶农处买茶，逃避茶税，以低廉的价格销售到用户手中。

贩卖私茶,受损失的是政府,于是官府明令禁止,严格盘查,严厉打击私茶。茶贩为了利润,与政府对抗,成群结伙,甚至组织私人武装,以官兵势力弱的地方为突破口,强行贩卖私茶。

官府严打与茶贩反抗,双方矛盾愈积愈深。淳熙二年(1175年)四月,大规模的武装冲突终于爆发。一些茶商贩子推举赖文政为首领,集结四百多人,组成武装队伍,在荆南府起事。一路从荆南打到湖南,转战江南西路等地,曾击败官兵一万多人,最后盘踞在宋江南西路境内。江南西路多山,便于隐蔽和流动作战,这支武装力量在这里暂时扎下根来,兵众达到八百多人。

茶贩武装,虽以私利为驱动,但也是朝廷严苛盘剥的结果,属官逼民反。不过,在统治者看来,这些造反的部队,等同盗贼,因此称呼其"茶寇"。

为剿灭茶商武装,南宋朝廷可谓恩威并施。先是派江州都统皇甫倜前去招安,没有成功。后又派江南西路兵马总管贾和仲率上万人马进行讨伐,贾和仲轻敌冒进,在山区受到伏击,大败而归。朝廷将贾和仲革职查办,并处分了相应人员。

茶商武装成为心腹之患。朝廷面临的难题是,谁能够担当起平定茶寇的重任？

这时，丞相叶衡向孝宗推荐辛弃疾。辛弃疾参加过农民起义军，了解这类部队的弱点。辛弃疾上书《美芹十论》《九议》，军事造诣颇深，是镇压茶寇的适当人选。

公元1175年，辛弃疾离开京师，走马上任，迁升提点江南西路刑狱，简称江西提刑。

提点刑狱负责查办案件，热播电视剧《大宋提刑官》中的主人公宋慈，就长期担任这个职务。朝廷派辛弃疾任提刑，是要他"节制诸军，讨捕茶寇"。

辛弃疾对这个新职务、新任务充满信心！提点刑狱算是地方官中的高级职务，这次又带着明确任务而来，特别是能够披上战袍，比"江南游子。把吴钩看了。阑干拍遍，无人会，登临意"时的失落自是不同。他对新职务踌躇满志，意在有番作为。

水调歌头

造物故豪纵，千里玉鸾飞。等闲更把，万斛琼粉盖玻璃。好卷垂虹千丈，只放冰壶一色，云海路应迷。老子旧游处，回首梦耶非。

谪仙人，鸥鸟伴，两忘机。掀髯把酒一笑，诗在片帆西。寄语烟波旧侣，闻道莼鲈正美，休裂荭荷衣。上界足官府，汗漫与君期。

这一年，右司员外郎王正之遭贬，辛弃疾写词安慰他。因为王正之有旧作描写吴江观雪奇景，辛弃疾就原作和一首词。词中丝毫没有颓废、忧愁之态，而是昂扬向上，豪情激荡。冬天肃杀、凄冷，在词人眼中，偏是"豪纵"。朋友正失意，他却在词中大谈美味和华服，可见这时候的辛弃疾，以为找到了用武之地，心情欢悦自得。

尽管如此，如何平寇，对辛弃疾的军事才能是个考验！

茶商军主要集中在安福、永新、萍乡等地，辛弃疾将江西其他各府、州、军的乡兵集中起来，经过整顿挑选，淘汰掉老弱病残，其余全部充放剿寇前线。官军扼守要冲，将茶商军困在山中，掐断他们与外界的联系，防止逃逸。然后辛弃疾派遣精兵强将，进入山中剿捕。官军还留有机动部队，茶商军在山中被围追堵截、筋疲力尽之时，机动部队相机而动，专门挑衅、截击疲惫之师。

辛弃疾依仗兵多势众，稳扎稳打，没多长时间，茶商军支撑不住，陷入困境。

辛弃疾审时度势，不失时机地派出使者到茶商军中进行招安诱降。赖文政穷途末路，只好投降。

是年闰九月，茶寇之患彻底荡除。

赖文政投降之后,辛弃疾出尔反尔,竟将他押解到江州杀掉。

对付茶商军,辛弃疾手段确实残忍了些。

南渡后,对于军事,辛弃疾一直纸上谈兵。剿灭茶寇是他唯一带兵征战的实践,可惜他的军事才能没被用于收复中原战场,只能用来镇压国内起义军!

对于辛弃疾,不知是一种幸运,还是悲哀!

作为一等一的文人,军事上取得这样的成就,在历史上并不多见。

隋唐之前,文人带兵的很少。开国功臣自不必说,从死人堆里爬出来的,打仗方面没少历练。周亚夫、霍去病这样的盛世将军,自小按武将进行培养,唐朝中兴大将郭子仪就是武举出身。曹操诗写得好,但从小舞枪弄棒,偷鸡摸狗的事儿没少干,所以打仗才是主业。像诸葛亮、司马懿这些读书人做统帅,被称为儒将,其实他们熟读兵书,又生逢乱世,对战争一点也不陌生,打起仗来才进退有度、挥洒自如。

宋朝以来,实行文人政治,战场上不乏儒生墨客,但文化上登峰造极,军事上又能建功立业的,辛弃疾上承范仲淹,下启王守仁。

范仲淹是北宋文坛领袖。他革新文风,宗经复古,散文天下传诵；他的诗词作品意淳语真，反对绮丽，得百年风气之先。他的文采风流在当时和后世都广为传颂。

军事上，他在西北前线担任边防主帅，防御西夏。他修筑城寨，构筑工事，训练军队；建立营田制，解决军需问题，使军队面貌一新。西夏大举攻宋，范仲淹以六千兵力逼退西夏军，当时人们传颂："军中有一范，西军闻之惊破胆。"

王守仁，号阳明，是明代哲学集大成者，创立儒学的支派——"心学"，与孔子、孟子、朱熹并称，成为儒学圣人。

军事上，王守仁用兵出神入化，诡异狡诈，曾经多次平定盗寇。宁王朱宸濠叛乱，时王守仁巡抚南安、赣州、汀州、漳州等地，他在手中无兵的情况下，向朱宸濠发出檄文，声称朝廷十六万大军即刻前来讨伐，迫使朱宸濠不敢轻举妄动。王守仁利用这段宝贵的时间，招兵买马，从周边调集士兵，征调军粮，购买武器。等朱宸濠发现上当，驱动大军进发南京，王守仁避其锋芒，率兵直捣宁王老巢南昌，打得敌人晕头转向，最后俘获宁王。

"长驱蹈匈奴，左顾陵鲜卑。弃身锋刃端，性命安可怀！"战斗疆场，在枪林弹雨中安然若素、视死如归，是无数文人书生的梦想。能够做到的，寥寥无几，辛弃疾算一个。

宦游

> 每一颗漂泊的心灵,背后都是沧桑与寂寞。
>
> ——题记

江西提刑驻节赣州。赣州西北,有一座平地兀起的小山,叫郁孤台。赣江又名清江,从郁孤台下流淌而过,北流注入鄱阳湖。郁孤台之下,赣江之畔,有一处渡口,名叫造口。南宋初渡,造口曾发生过一件惊心动魄的事。

靖康之难,金军掳走了宋宗室男女老少几乎所有人,只有宋哲宗废后、宋徽宗的嫂嫂孟氏,因为在外修道而幸免。后来,孟氏在宋高宗登基、巩固赵宋统治中发挥了重要作用,在大臣中树立起崇高的威信,被尊为"隆佑太后"。

南宋建立之初,被金军撵着打,从南京一路南逃,在建康立足未稳,金军又追了过来。宋高宗在江浙一带与金军周旋,隆佑太后则流亡江西。隆佑太后乘舟沿赣江溯流而上,金兵在后面紧追不舍。到了造口,情况危急,隆佑太后舍弃舟船,改走陆路。当地乡兵帮助抵御,延缓了金军追击时间,隆佑太后才侥幸逃脱。

造口的赣江,流淌着抵御者的鲜血与逃亡者的泪水;郁孤台,见证了这段亡国之恨。

剿灭茶商军后,辛弃疾有了空闲,特地来到造口,凭吊历史。面对逝者如斯、不舍昼夜的赣江水,辛弃疾心情久久不能平复。这时,一声鸟鸣惊醒他的沉思。于是,他把这万千感慨写在造口的一段石壁上,用短短四十四个字,表达对那段屈辱历史的祭奠。

菩萨蛮

郁孤台下清江水,中间多少行人泪。西北望长安,可怜无数山。

青山遮不住,毕竟东流去。江晚正愁余,山深闻鹧鸪。

菩萨蛮乃词中小令，一般用来写儿女柔情。但辛弃疾笔下，竟能作深沉凝聚之绝唱。文字有限，心酸惆怅绵绵不绝。

辛弃疾平寇有功，朝廷决定奖赏他，在江南西路提点刑狱的基础上，又给他加了一个荣誉官职：秘阁修撰。从此，辛弃疾步入仕途得意期。这一年他仅三十六岁。

本来孝宗想大肆封赏平寇中的有功之人，不料遭到一些大臣的反对。这些大臣认为赏功太滥，本来朝廷冗员就多，封赏过度，财政更加吃不消。孝宗减少了对其他人的封赏，但对辛弃疾，他力排众议，为他加了官。

又过了一年，1176年秋冬之交，孝宗深感秘阁修撰不足以奖赏辛弃疾平寇功绩，找了个理由，调辛弃疾任京西路转运判官。京西路辖襄阳府及七州一军，亦处于抗金前沿阵地。转运判官掌管该路的财赋，虽与提刑平级，但更被朝廷看重。转运判官上面还有都转运使、转运使、转运副使，级别不同，但职权相同，每路只设一名，比如设转运判官，就不再设都转运使等其他三个职务。辛弃疾资历尚浅，先被任命为转运判官。

辛弃疾只在京西路待了不足半年，1177年春，朝廷又将他改派知江陵府，兼荆湖北路安抚使。于是，辛弃疾集荆湖北路军政大权于一身，成为地方最高级别长官。辛弃疾在荆湖北路也没能待多长时间，就又被调离。原因是江陵驻军殴打老百姓，辛弃疾虽掌管军务，却没有权力处置军中将领，就将此事上报朝廷，要求严加惩处。但军中将领在朝中根基颇深，在辛弃疾要求惩治军方将领的奏书送达之后，朝廷以协调不力为由，将辛弃疾调离，改知隆兴府，兼江南西路安抚使。

转了一圈，仅仅一年，辛弃疾又回到江西，不过这次在江西时间更短——仅仅三个月。1178年暮春，辛弃疾被召回临安，在朝中任大理寺少卿。

做官像走马灯似的，来去匆匆，离别成为常态。这一时期，辛弃疾作《鹧鸪天》感叹道："聚散匆匆不偶然。二年历遍楚山川。但将痛饮酬风月，莫放离歌入管弦。""二年历遍楚山川"，是说这两年，辛弃疾一直在现在的湖北、湖南、江西兜圈子。

在隆兴告别的酒宴上，几位同僚为他送行，其间大家醉酒酩酊，敞开心扉，谈论朝中人事倾轧、派系斗争，刚好又传来枢密使王炎去世的消息。一位叫司马汉章的同僚，赋吟一首《水调歌头》。辛弃疾感叹仕途辗转，奔走劳碌，作词和之。

水调歌头

我饮不须劝,正怕酒樽空。别离亦复何恨?此别恨匆匆。头上貂蝉贵客,苑外麒麟高冢,人世竟谁雄?一笑出门去,千里落花风。

孙刘辈,能使我,不为公。余发种种如是,此事付渠侬。但得平生湖海,除了醉吟风月,此外百无功。毫发皆帝力,更乞鉴湖东。

开篇"我饮不须劝,正怕酒樽空",透露着春风得意的豪情,这是词人仕途顺利的写照。貂蝉冠是"三公"、亲王戴的帽子,石雕麒麟经常伫立在墓葬之处。词人用貂蝉与麒麟对比,表达世事无常、权柄富贵终为过眼烟云的感慨。

孙、刘,指三国魏明帝曹叡的两位大臣孙资、刘放。二人操弄权柄,朝中大臣争相依附。"不为公"的"公",指三国时最显贵的高官"三公"。三公这样的高官都不放在眼里,还有什么能让自己委屈卑恭的呢?词人认为自己的所有功绩官禄,都是拜帝王所赐,不需要向别人感恩戴德。

别人为党争揪心的时候,辛弃疾明确表示自己只忠于皇帝,不会依附别的权贵。读他在建康与赵彦端、史致道、叶衡的唱和,并不完全如此。只能说,任江西提刑之后,辛弃疾官运亨通,心情大好。

"我饮不须劝,正怕酒樽空。""但得平生湖海,除了醉吟风月,此外百无功。"超脱派系,旷达豪爽,颇有太白之风。

大理寺掌管刑狱案件审理,是宋朝时的最高司法机关。少卿是大理寺副职,正四品。三年前辛弃疾还是仓部一名小小的郎官,如今已经是朝中大员。

然而在大理寺辛弃疾也没能待多久,1178年夏秋之交,他又被调任荆湖北路的转运副使,旋又改任荆湖南路转运副使。

担任大理寺少卿,虽然时间不长,对于辛弃疾的思想情绪,却是一个重要的转变节点。

担任大理寺少卿之前,特别是仓部郎官之后,辛弃疾仕途顺利,虽然调动频繁,但他踌躇满志,一心想做一番大事业,保持着积极的进取心。经历过许多地方之后,宦游使他疲惫。况且,这一次外任很蹊跷,1177年他已经担任安抚使,现在被任命为转运副使,虽然二者互不隶属,但安抚使号称帅臣,重要性应该在转运使之上,何况他只是个副使!

其中究竟发生了什么?可能是辛弃疾性格狷介,敢于直言,得罪了朝中权贵,所以才有这次外放。

他在次年上书《论盗贼札子》中曾经提及:"但臣生平

刚拙自信,年来不为众人所容……"似乎验证了他在大理寺少卿任上,曾遭弹劾或言语中伤。但孝宗对他印象很好,信任有加,所以他的仕途才没有遭受大的挫折。

不久,从荆湖北路转运副使调任荆湖南路转运副使时,他写了一首《摸鱼儿》,更挑明曾受人诽谤。

摸鱼儿

更能消、几番风雨,匆匆春又归去。惜春长怕花开早,何况落红无数。春且住,见说道、天涯芳草无归路。怨春不语。算只有殷勤,画檐蛛网,尽日惹飞絮。

长门事,准拟佳期又误。蛾眉曾有人妒。千金纵买相如赋,脉脉此情谁诉?君莫舞,君不见、玉环飞燕皆尘土!闲愁最苦!休去倚危栏,斜阳正在,烟柳断肠处。

他离开湖北漕司,一位叫王正之的接替他,并为他送行,他写了这首词。

伤春是宋词的一大主题,晏殊、柳永、欧阳修、秦观、李清照等,都有很多这方面的名作。辛弃疾这首词也从伤春说起,春天去了,落红无数,充满哀怨气氛。

词眼在下阕"蛾眉曾有人妒",词人自比容貌姣好的女子,受到旁人的嫉妒和诽谤。

词人引用了汉代陈皇后的故事。汉武帝皇后陈阿娇,早期很受宠爱,所谓"金屋藏娇"就是汉武帝对她的承诺。后来,武帝移情别恋,阿娇受到冷落,被幽闭长门宫。阿娇托人找到当时最负盛名的辞赋家司马相如,以重金相许。司马相如为她写了一首《长门赋》呈送皇帝,帮她复宠。词人以阿娇自比,纵然有生花妙笔为我倾诉,对国家的耿耿忠心又有几人能够认同呢?!

词人的"闲愁最苦",来自"蛾眉曾有人妒",被人中伤,不为人所容,更遑论他受到重用、承担着收复中原的使命。

闲愁指没来由、没有任何针对性的愁苦。词中明明说"蛾眉曾有人妒",现在偏偏又说这愁苦不知从哪里生发,看似矛盾,其实正表明内心烦乱。"玉环飞燕皆尘土",词人看似想开了,不在意这些嫉妒诽谤,但一句"闲愁最苦",暴露了他内心深处无法排遣的痛楚。

这让他多多少少有些意志消沉。这种消极心情一直持续到湖北任上。

他从临安出发,沿水路溯江而上,从吴中、扬州、建康前往湖北。一路上,以词代简向好友报告沿途风景和心情。

水调歌头

落日塞尘起,胡骑猎清秋。汉家组练十万,列舰耸层楼。谁道投鞭飞渡,忆昔鸣髇血污,风雨佛狸愁。季子正年少,匹马黑貂裘。

今老矣,搔白首,过扬州。倦游欲去江上,手种橘千头。二客东南名胜,万卷诗书事业,尝试与君谋:莫射南山虎,直觅富民侯。

这是写给杨济翁、周显先的信。杨济翁,字炎正,是诗人杨万里的族弟,周显先是东南一带名士。二人跟辛弃疾交情深厚,互相写过很多唱和诗词。

当时船到扬州,扬州与京口一江之隔,词人宦游前,经常在京口眺望扬州,展望恢复中原的愿景。现在路过扬州,想起年轻时的意气风发和近几年的漂泊不定,心生感慨,写下了这首词。

上阕忆少年。回忆在这里汉家与胡骑作战的情形。胡骑过处,飞尘蔽日,可见气势盛大,气焰嚣张。汉家则是水兵列阵长江,阵容严整。两军对垒,最后胡人战败。佛狸是指北魏太武帝拓跋焘,他曾率师南侵刘宋,失败而归,此处代指金主完颜亮。

"季子正年少,匹马黑貂裘。"少年英姿飒爽,意气风发,有侠义江湖之气。这一鲜明英武的形象受到年轻人追捧,很少有人能不对此心怀憧憬,都希望自己能够成为"匹马黑貂裘"的英雄。季子是战国纵横家苏秦的字,他曾经穿着黑貂入秦,想要开创一番功业,却始终不得秦王重用,最后只得失望离去。

下阕看今朝。审视一下自己,"今老矣,搔白首,过扬州"。老而无用,老而无成,隐含着太多无奈。

"倦游欲去江上,手种橘千头。"表明这时候的辛弃疾,已有归隐之意。"莫射南山虎,直觅富民侯。"是劝友人,也是劝自己:建功立业的事儿就算了吧,不如退隐山林,做个富家翁比较现实。

词中虽有牢骚,但也颇为真实地道出了辛弃疾此时的心结。后来,他退居带湖、瓢泉,在这里已经埋下伏笔。

船到建康,路过采石矶,又让他想起虞允文。虞允文曾在这里战胜完颜亮,保住了大宋半壁江山。可如今,虞允文已经去世四年。原来,为了恢复中原大计,虞允文请求经略四川,作为北伐基地。1172年,他到四川任宣抚使,专门负责筹备北伐事宜,然而,不幸积劳成疾,第三年在任上去世。

虞允文是辛弃疾的恩人,提拔他知滁州府,开启了他的仕途。但现在回忆起虞允文,他没有击节悲歌,也没有振衣起舞,更没有为虞允文未能完成北伐大业而遗憾,他顾左右而言他,享受当下生活。

西江月

千丈悬崖削翠,一川落日镕金。白鸥来往本无心。选甚风波一任。

别浦鱼肥堪鲙,前村酒美重斟。千年往事已沉沉。闲管兴亡则甚。

人,只有在极悲时才会强颜欢笑,只有在极倦时才会放纵自我。宦游之中,辛弃疾暂时放下理想,放下功业,只想静一静,抚吟风月,品味佳肴。

"闲管兴亡则甚",兴还是亡,与我何干!

革弊

> 人生是一座舞台，每个人都努力表演出自己的精彩。
>
> ——题记

1179年三月，辛弃疾来到荆湖南路，任转运副使。之所以调辛弃疾来湖南，是因为这里刚经历一场大乱，面临着如何大治的问题。

茶商暴动时，曾进攻湖南。在这前后，湖南几乎从没有消停过。乾道年间，发生过李金起义，加上茶商军之乱；淳熙年间，陈峒等人揭竿而起，武装势力波及十多个州县。

当时任湖南安抚使的叫王佐，字宣子，是宋高宗朝的状元，也是有才能、有骨气之人，曾因拒绝依附秦桧而遭受冷落，直到秦桧死后才得到重用。陈峒起义时，王佐兵力不足，当时一位太尉冯湛因犯罪蛰居湖南，王佐只好请他出山，面向社会招募乡勇八百余人，仓促应战。后援军赶到，与冯湛军一起击败陈峒，平息了暴乱。

王佐剿灭陈峒，受到孝宗嘉奖，冯湛也官复原职。

辛弃疾听到这个消息，特意写了一首《满江红》，盛赞王佐的丰功伟绩。其中有一句："金印明年如斗大，貂蝉元自兜鍪出。"貂蝉冠，高官王公的帽子；兜鍪，战士的头盔。辛弃疾这一句的意思是王佐因军功而受到嘉奖。

不料，王佐看到这首词，想多了，以为辛弃疾在讽刺他靠冯湛的军功才得以加官晋爵，言者无意，听者有心，对辛弃疾颇为不满。

孝宗欣赏辛弃疾敢于直言的性格，把他调到湖南，想弄清楚这里盗贼频发的真正原因。宋朝制度，转运使执掌财赋，还有按察之权，即调查官员的廉洁情况，向朝廷报告。

辛弃疾上任后，花费大量时间明察暗访，四处奔走，进行调查分析。七月末，他给朝廷上奏章，名为《论盗贼札子》。

辛弃疾在奏章中分析盗贼产生的原因：

> 自臣到任之初,见百姓遮道,自言嗷嗷困苦之状,臣以谓斯民无所诉,不去为盗,将安之乎。

民众有苦无处诉,不去做强盗,还能怎么样?

接着,他列举官吏残害百姓的种种现象:

> 陛下不许多取百姓斗面米,今有一岁所取反数倍于前者;陛下不许将百姓租米折纳见钱,今有一石折纳至三倍者;并耗言之,横敛可知。陛下不许科罚人户钱贯,今则有旬日之间追二三千户而科罚者;又有已纳足租税而复科纳者;有已纳足、复纳足、又诬以违限而科罚者;有违法科卖醋钱、写状纸、由子、户帖之属,其钱不可胜计者。军兴之际,又有非军行处所,公然分上中下户而科钱,每都保至数百千者;有以贱价抑买、贵价抑卖百姓之物,使之破荡家业、自缢而死者。有二三月间便催夏税钱者。其他暴征苛敛,不可胜数。

上有政策,下有对策。虽然皇上严令禁止,但地方官吏巧立名目,横征暴敛,强买强卖,聚敛钱财,手段无所不用其极。

然而还更有甚者：

> 州以趣办财赋为急，县有残民害物之政而州不敢问；县以并缘科敛为急，吏有残民害物之状而县不敢问；吏以取乞货赂为急，豪民大姓有残民害物之罪而吏不敢问。故田野之民，郡以聚敛害之，县以科率害之，吏以取乞害之，豪民大姓以兼并害之，而又盗贼以剽杀攘夺害之，臣以谓"不去为盗，将安之乎"，正谓是耳。

州官聚敛财赋，县官搜刮民膏，吏掾吃拿卡要，豪强兼并土地，强盗剽杀攘夺，层层盘剥，沆瀣一气，上级需要下级办事，所以对下级侵害百姓利益的事睁一只眼闭一只眼，听之任之。这才是逼良为娼、官逼民反的真相！

辛弃疾曾经在江西用武力剿除茶商军，但他深知武装镇压只是治标之策，他写道：

> 民者国之根本，而贪浊之吏迫使为盗，今年剿除，明年扫荡，譬之木焉，日刻月削，不损则折。臣不胜忧国之心，实有私忧过计者，欲望陛下深思致盗之由，讲求弭盗之术，无恃其有平盗之兵也。

武力剿除最终损害的是国家实力，时间长了，可能致使国家倾覆。关于这一点，辛弃疾十分清醒。那么，"弭盗之术"是什么呢？怎样从源头上消除民众暴动？辛弃疾开出的药方是：

> 申敕本路州县：自今以始，洗心革面，皆以惠养元元为意，有违弃法度、贪冒亡厌者，使诸司各扬其职，无徒取小吏按举，以应故事，且自为文过之地而已也。

关键在于有司各扬其职，惩治违法贪腐，不要抓几个基层小吏，充充数，应付过去，掩饰吏治上的过错。

通过治官、治吏达到治政、治民的目的，消除不安定因素，辛弃疾抓住了问题的根本！

治官、治吏一定会得罪人，辛弃疾向皇上表态：主动请缨，不畏强御，在湖南展开惩治贪浊大行动！

> 臣孤危一身久矣，荷陛下保全，事有可为，杀身不顾。况陛下付臣以按察之权，责臣以澄清之任，封部之内，吏有贪浊，职所当问，其敢瘝旷以负恩遇！自今贪浊之吏，臣当不畏强御，次

第按奏，以俟明宪，庶几荒邈远徼，民得更生，盗贼衰息，以助成朝廷胜残去杀之治。

辛弃疾深知自己在朝中已经得罪不少人，幸亏孝宗信任，才得以保全。但为了国家平安大计，他还要义无反顾地不畏强御，走向反腐治吏第一线。

奏折呈送到孝宗处，孝宗有种过去被蒙蔽的感觉。他一直以为湖南官员在平寇上立有大功，想不到湖南吏治如此腐败。他由湖南推及全国，下令将辛弃疾的札子下发到诸路，让监司、帅臣遵守施行。

这份奏章，不但将湖南官员推向吏治前沿，而且牵连各路帅臣、监司，触动了许多大臣的利益。因此辛弃疾在朝中受到敌视，为人忌惮。

辛弃疾深知为政忌讳，但率真、耿直是他的天性，他忠于君主、忠于国家，眼看着黎民百姓困厄苦难、江山社稷动摇损折，他无法做到不言不谏、无动于衷。

他为自己的仕途选择了一条崎岖险要的小路。

好在此时孝宗还能对他给予大力支持。

不久，孝宗将湖南原帅臣王佐移位，任命辛弃疾知潭州府兼荆湖南路安抚使，专门给辛弃疾下达御笔："卿所言在已病之后，而不能防于未然之前，其原盖有三焉：官吏贪求而帅臣监司不能按察，一也。方盗贼窃发，其初甚微，而帅臣监司漫不知之，坐待猖獗，二也。当无事时，武备不修，务为因循，将兵不练，例皆占破，才闻啸聚，而帅臣监司仓皇失措，三也。夫国家张官置吏，当如是乎？且官吏贪求，自有常宪，无贤不肖，皆共知之，亦岂待喋喋申谕之耶？今已除卿帅湖南，宜体此意，行其所知，无惮豪强之吏，当具以闻。朕言不再，第有诛赏而已。"鼓励辛弃疾剔除政坛顽疾。

湖南安抚使，是他又一个大展身手的岗位。

对于贪官污吏，辛弃疾毫不留情。如桂阳军赵善珏，昏聩庸鄙，散失军械，贪污侵占百姓租赋，辛弃疾奏请罢免。其他低阶官吏，被惩处的不计其数。

除了贪官污吏欺压百姓，还有就是乡绅豪强。当时地方豪绅有自己的武装，叫乡社，大的乡社统领几百户群众，小的也有两三百户。乡社以维护地方治安为借口，对老百姓进行欺压、盘剥，损害百姓利益。乡社还经常游离于政府控制之外，不服管理，甚至跟官兵对抗，造成政令阻塞。过去，地方官吏跟豪强的关系错综复杂，他们相互勾结、相互利用，乡社也更加为所欲为，俨然独立王国，成为南宋政治机体上的毒瘤。

朝廷中的有识之士，已经觉察到乡社对政权的威胁，主张一律取缔、解散。辛弃疾经过认真调研、思考，认为解散乡社不可行。因为很多群众居住于深山穷谷中，官府管理不到，他们需要一些自治组织，协调乡里关系，维护社会秩序。另外，如果强行解散，引来激烈对抗，也许会酿成武装暴动，因此必须谨慎处置。

历史的经验教训需要汲取借鉴。汉朝初年，分封一些同姓诸侯王，这些王国疆域很大，诸侯王权力也很大，除了管理民众，收取税赋，还拥有军队，能制造武器。时间长了，他们蔑视中央，觊觎皇位。汉景帝时，强行削弱他们的权力，引起七国之乱，皇权受到威胁。汉武帝即位后，实行"推恩令"，将各个王国的地盘进一步分封给这些诸侯王的子孙，这样每个大王国被切割成一个一个小块封地，再也没有能力跟中央对抗。

辛弃疾从汉武帝"推恩令"中受到启发，对乡社采取分解分化、严格控制的办法，削弱乡社的实力。他缩小乡社规模，每个乡社统领户数不超过五十户；明确隶属关系，乡社均由县巡尉领导，受政府节制；乡社首领则必须由政府任命；乡社的兵器刀剑等全部收缴，日常不允许携带武器。

经过治理，乡社的武装能力几乎被剥夺，日常运作得到规范，侵害群众利益的事件基本禁绝。

理顺了管理，就要为老百姓做点实事。多年的官吏压榨，豪绅强夺，盗匪为患，导致民生凋敝。破坏最严重的是水利设施。种庄稼本就得看老天爷脸色，稍有旱情，土地浇不上水，便颗粒无收。针对这种情况，辛弃疾以工代赈，组织灾民修建水渠、修筑陂塘，然后拿出官府历年来积攒的米粮，作为工钱付给百姓，这样既救赈了灾民，又兴修了水利，一举两得。

湖南是汉族和少数民族杂居的地方，宋代称在山区里居住的少数民族为"峒人"或"峒民"。峒民经济贫穷，文化落后，针对这种情况，辛弃疾在峒民比较集中的郴州军宜章县、桂阳军临武县兴办学校，招聘教师，教化民风，使汉族文化逐渐得到少数民族认同，对民族融合有极大的促进。

辛弃疾在湖南最大的动作，是创建飞虎军。

宋代兵制，有禁军、厢军和乡兵。禁军属中央军，直属中央领导。厢军属地方军，主要负责抵御外侵、镇压民众暴动、从事官方杂役劳动等。乡兵又称团练，不脱离生产，属民兵性质，乡社就是乡兵的一种。

朝廷把主要精力放在禁军的建设上，长期忽视对厢军的管理。久而久之，厢军大多是老弱病残，毫无战斗力，只能从事一些简单的劳役。

辛弃疾义军出身，对军队高度重视。他认为，厢军虽是地方武装，也是全国军事力量的有机组成部分。厢军反应迅速、机动性强，可以弥补禁军之不足，不应被忽略。他主张改造厢军，招募青壮年入伍，更新装备，加强操练，将他们锻造成一支能打胜仗的"铁军"。

他向朝廷上书，汇报厢军现状：整日无所事事，只图衣食无忧，毫无斗志。其中有冒名顶替的，还有中间逃跑开小差的。平素里这些厢兵只会欺压百姓，打仗时不堪一击。他特意强调，湖南少数民族聚居，民众剽悍，草寇众多，如果遇到暴乱，从外面调集部队会贻误战机。他建议重建厢军，维护治安，镇压反抗。

辛弃疾的建议很快得到宋孝宗的批准。

有了尚方宝剑，辛弃疾立即招兵买马，招募步军二千人，骑兵五百人，在当地购买了铁甲武器。他又请求朝廷允许用税金到广西购买五百匹马，以后每年由广西安抚使代买战马三十匹。一切齐备，一支武装军队建立起来，辛弃疾给这支军队取名"飞虎军"。

军队建成，要有地方驻扎。辛弃疾利用五代时割据湖南的军队营垒故基，建造新的军营。建造过程中，正值梅雨天气，连续几个月雨水绵绵，砖瓦都烧不出来。辛弃疾动员百姓，每家交二十块砖瓦，以一百文价格购买，必须两日内送到建筑工地。他用这种办法筹集了二十万块砖瓦。建造军营还需要石料，辛弃疾调配在押囚犯到山上开采，以罪行轻重确定搬运任务，作为赎罪的代价。很短时间内，所有材料筹集齐备，不仅省去大量工钱，而且加快了工期进度。

厢军属于地方军，一应开支都由地方负担。军费开支庞大，从哪里筹备这么一大笔资金是个问题。辛弃疾借鉴盐、铁、茶官营的做法，将民间制酒作坊收为官有，实行官府专卖。为军队找到了长久而持续的军费来源。

建设飞虎军，从创意到实施，体现了辛弃疾不拘旧制、敢于创新的性格品质。但这件事花费巨大，几乎是倾一路之财力。许多大臣认为禁军才是作战主力，厢军不宜过于强大。还有人质疑辛弃疾的动机，认为他创建飞虎军只是政绩工程，没有实际价值。况且，这样巨大的工程，有没有收受贿赂？也引起了旁人猜测。

当时朝中大多数人认为辛弃疾可能牟取了私利。比如朝廷重臣周必大谈到辛弃疾创办飞虎军时，说："辛卿又竭一路民力为此举，欲自为功，且有利心焉。"就是说辛弃疾倾一路之力创建飞虎军，既是为了政绩，也有私心牟取私利。

他将酒业收归官有，也被指侵害百姓利益，加重民众负担。

朝臣们一旦形成梗阻，就要付诸行动。最高军事机构枢密院下达"御前金字牌"，要求立即停止建设飞虎军。

辛弃疾预先估计到了这种阻力，所以才不顾阴雨绵绵，采取多种办法赶工期。接到"御前金字牌"，他受而不办，将金牌藏起来，不告诉下属，反而催促他们快马加鞭，加快建设进度。

飞虎军建成后，辛弃疾把收入、开支账目明细呈送朝廷，以证清白。孝宗一直在帮他开脱，又无法说服大臣，看到他呈送的账目，终于放下心来。

这支飞虎军后来果然在战斗中发挥了作用，成为长江沿线的一支重要防御力量，被金人称为"虎儿军"。后来韩侂胄北伐，这支部队也被拉上前线，可惜因为统帅无能，遭受重创。

治荒

做事跟做人大抵相同,越简单,越有效。

——题记

辛弃疾在湖南政绩卓著,但也最受非议,因此,他的心情也常常处在矛盾之中。

他送友人回临安,写道:"前度刘郎今重到,问玄都、千树花存否。"刘郎指唐代诗人刘禹锡。刘禹锡被贬官外放,十年始还长安。他游长安玄都观,写诗道:"玄都观里桃千树,尽是刘郎去后栽。"诗传出,当权者认为他心存怨愤,又将他贬到连州,这一次,又被贬十四年。重回长安后,他又作诗道:"种桃道士归何处,前度刘郎今又来。"

辛弃疾用这个典故，一方面希望友人像刘禹锡一样最终得到重用，另一方面，包含着对他的反对者们的嘲讽和满腹牢骚。

牢骚过后，是心灰意冷。同一时期，他写了一首《满江红》，感叹春来春去："便恁归来能几许，风流已自非畴昔。"前边一首词还有"前度刘郎今重到"的倔强，现在却悲观地喟叹说，即使归来又能怎样，已经找不到过去的风流岁月。

悲伤之情溢于言表。

有时，辛弃疾的爱国之情又像蔓生的野草，随时随地茁壮生长。

就在他将要卸任湖南安抚使的时候，原江西转运判官张仲固被任命知兴元府，上任时路过潭州，辛弃疾设宴款待，写下一首《木兰花慢》。

木兰花慢

汉中开汉业，问此地，是耶非？想剑指三秦，君王得意，一战东归。追亡事，今不见；但山川满目泪沾衣。落日胡尘未断，西风塞马空肥。

一编书是帝王师，小试去征西。更草草离筵，匆匆去路，愁满旌旗。君思我，回首处，正江涵秋影雁初飞。安得车轮四角，不堪带减腰围。

秦朝灭亡后，刘邦因先入汉中，称汉中王。刘邦以汉中为基地，在韩信、张良、萧何等的辅佐下，出奇兵占领关中，从而得以向东与项羽逐鹿中原。

现在张仲固要去汉中任职，辛弃疾自然会联想起刘邦就是从这里成就帝业，一统天下。刘邦的伟业激起词人尘封许久的爱国之志。当前形势，南宋占有汉中，而金国控制关中，与楚汉相似，如果能效仿刘邦当年，剑指三秦，一战东归，收复故土，该是何等不朽功勋！

"追亡事"，指萧何追韩信的事迹。韩信刚投靠刘邦时，刘邦不知道他的才能，所以没有重用。韩信感到委屈，一气之下不辞而别。刘邦的得力助手萧何得知后，快马将韩信追回，并向刘邦推荐韩信，称赞韩信"国士无双"，刘邦这才拜韩信为大将，靠韩信打败项羽。

词人用萧何追韩信的故事，感叹当今文恬武嬉，即使有韩信这样的大将，也没有人发现和重用。英雄无用武之地，导致祖国的大好河山，任凭金人铁骑恣意践踏，徒使英雄泪满襟！

北国是一种伤，总是出其不意地刺痛他的内心。

辛弃疾设宴接待张仲固的时候，自己也即将离开湖南。宋代为了防止地方官吏坐大，形成割据势力，对地方官吏设定任职期限，调任频繁。辛弃疾在湖南任职一年多，又面临改任，新的职务是知隆兴府兼江南西路安抚使。

这是辛弃疾第三次到江西任职，第一次为淳熙二年任江西提刑，第二次为淳熙四年（1177年）知隆兴府兼江西安抚使。

转了一圈，辛弃疾又回到原地。

这，大约是辛弃疾与江西的缘分。

为了表彰他在湖南的功绩，皇帝将他的贴职改为"右文殿修撰"。右文殿修撰为文官虚职，士人、学士都非常看重，因为宋代重文轻武，有了这个职衔，标志着辛弃疾进入了士大夫政治高层。

淳熙七年（1180年）冬，辛弃疾走马上任。

江西等待他的，也不是歌舞升平，而是粮荒之中的一片狼藉。

国家最期盼的是风调雨顺、国泰民安，但南宋建立后，人祸天灾不断。先是同金国频繁战争，隆兴和议后，国内暴乱此起彼伏，在严厉的镇压下，终于得到暂时的安定，但天灾又接踵而来。

靖康后大量北方难民涌入南方，造成森林被大面积砍伐，土地垦殖过度，生态环境恶化，加上战争对水利设施破坏严重，从而引发了大量旱灾、涝灾。并且，据研究，南宋初年又是中国历史上五个气候异常期之一，气候干冷，沙漠扩展，旱灾增多。这些自然灾害引发的结果只有一个，那就是"粮荒"。

粮荒之处，富户、商户藏粮惜售，囤积居奇，等待涨价。饥民、难民在走投无路下只能哄抢粮食、劫掠货物，造成严重的社会问题。

1180年秋冬，江西的粮荒特别严重，先是水灾，后是旱灾，粮食几近颗粒无收，大批饥民嗷嗷待食，社会冲突一触即发。

朝廷调辛弃疾来江西，调令中明确提出，他的主要任务是治理粮荒，平复社会矛盾。

对于官员来说，粮荒是检验执政水平的绝好机会。

辛弃疾有这个能力。

秦末刘邦攻入关中，立刻废除秦朝严刑峻法，将法律简化为三条，号称"约法三章"，即：杀人者死，伤人及盗抵罪。

辛弃疾到任后，在隆兴府的大街小巷贴满告示，上面只有八个大字：

闭籴者配，强籴者斩。

前半句针对存有粮食的商户，凡囤粮不售，流配到贫穷偏僻地区；后半句针对缺粮户，如果抢劫囤粮户的粮食，杀头。前半句试图缓解缺粮的状况，后半句保证救灾工作有条不紊地开展。

比"约法三章"更简洁，也同样有效。"八字方针"公布后，隆兴府的社会秩序很快恢复，为辛弃疾进一步治理荒政创造了条件，争取了时间。

接着，他取出官府所有的钱财，让各地推举出有才干而又正直无私的人，领取钱财，到丰收的地方购买粮食，然后回到隆兴府出售。一时间市场上粮食大量涌入，粮价大跌，灾民们基本能够买得起粮食，维持生计。那些在官府领取钱财的人，卖粮后收获了差价，归还钱财时却不需付利息，稳赚不赔。卖粮、买粮双方皆大欢喜。

"闭粜者配，强籴者斩"是用行政手段解决市场粮食短缺问题；放钱进粮，是用市场手段平抑粮价。辛弃疾不但是政治上的好手、军事上的强手，也是经济上的能手，能够将经济规律运用得纯熟。

辛弃疾虽然是江西安抚使，但主政在隆兴府，所以救荒举措主要针对隆兴府。邻近的信州也遇灾荒，缺粮少食。知州谢源明听说隆兴府买来很多粮米，便找辛弃疾借粮。隆兴府的官员表示反对，担心借粮后导致隆兴市场上粮米不足。但辛弃疾考虑的不光是自己的政绩，更是天下苍生的温饱,他说:"均为赤子,皆王民也。"果断将买来的粮米分出三分之一运到信州,帮助信州的老百姓渡过难关。

辛弃疾在隆兴的治荒政绩再一次证明了他的能力,为南宋朝廷解决了一大难题。消息传到临安,孝宗大喜,1181年秋,孝宗为他官加一级,由宣教郎提升为奉议郎。

宋代官阶制度极为复杂,历朝历代绝无仅有。官员官职通常由三部分构成:官秩、贴官、实职。如辛弃疾这时候的职务,全称是:奉议郎、右文殿修撰、知隆兴府兼江南西路安抚使。其中,奉议郎为官秩,或称"正官""本官",表示级别,不履行职能;右文殿修撰,为"职名",或省称"职",为荣誉官,也不履行职能;知隆兴府兼江南西路安抚使,属"差遣官""职事官",就是实际履行的职能。

这一年,辛弃疾四十二岁。

罢免

> 在这喧嚣的尘世，走着走着就累了。我们渴望有一块静谧秀美之地，濯洗风尘，栖息灵魂，审视来路，终老此生。
>
> ——题记

古人曰："木秀于林，风必摧之；堆出于岸，流必湍之；行高于人，众必非之。"正当辛弃疾在湖南风生水起，政绩显赫之时，各种弹劾、诽谤接踵而来。

宋代非常注重官员间的监督制衡，设立谏官、言官，直接向皇帝负责谏言。皇帝一般选择那些敢于直言的官员充任谏官、言官，他们的职责是向皇帝进谏，弹劾百官，他们的日常工作就是瞪大两眼,揪各级官员的毛病。

王蔺因为耿直敢言,孝宗称赞他"磊磊落落,惟卿一人",被任命为监察御史,充任言官。

王蔺一上任,便将巡戒的目光盯住了辛弃疾。因为辛弃疾做事大刀阔斧、果断刚毅,行事风格同南宋其他官员大不相同,特别引人注目。王蔺认为,辛弃疾为官,不走寻常路,其中含有私情。他总结了几点,向孝宗进谏,要求罢免辛弃疾。

王蔺弹劾的主要罪状,是辛弃疾"奸贪凶暴,帅湖南日虐害田里"。

"奸",一般指政治上的投机取巧和不择手段。辛弃疾仕途上升过程中,有过结交赵彦瑞、史致道、叶衡等行为,但他们志向相同,立场相近,互相推举,不能视为投机。况且凭辛弃疾的才学能力,做安抚使并不为过。王蔺指责的"奸",恐怕与辛弃疾得罪王佐有关。辛弃疾作词被误解,不久又替代王佐任湖南安抚使,让一些人加深误会。为了坐实辛弃疾的"奸",王蔺还收集辛弃疾与同僚旧友的书信往来、诗词唱和,作为他"缔结同类""方广赂遗"的证据。

"贪",指非法占有官府财物。辛弃疾在筹建飞虎军过程中,花费巨大,仅在广西购买五百匹马,就花费税金五万贯。"隆兴和议"约定,南宋向金岁币不过二十五万两,可见这一笔开支确实巨大。招兵买马、锻造武器、建筑营寨,都是不小的开支。尤其连阴雨天,为了赶时间,不惜代价开采、运送、购买砖瓦石料,支出的实际费用一定大于预算成本。

即便抛开筹建飞虎军,辛弃疾做地方大吏,花钱上一向大手大脚,譬如救济灾荒,由国库事先垫付资金卖粮;建学校,修水利,包括造奠枕楼,都需要巨额费用。但由此推断辛弃疾"贪",似乎证据不足。然而,辛弃疾退隐后,建造豪华家园,日常生活也相当奢靡,又有"巨额财产来源不明"的嫌疑。由于史料缺乏,我们只好"此处存疑"。

"凶",指行事恶毒,不计后果。辛弃疾是豪放果敢之人,做事不拖泥带水,与宋代儒雅的社会风尚和官场风气格格不入。这也许是他被指责"凶"的缘由。这实属王蔺辈以个人好恶臧否人物。也许南宋孱弱的政治机体,正好需要辛弃疾这样雷厉风行、手段强硬的人进行矫治。可惜,燕雀永远理解不了鸿鹄的天空,辛弃疾的长处,反而成为政敌攻击他的口实。

"暴",指性格残暴,作风粗暴,甚至草菅人命。从诱杀赖文正的事例来看,辛弃疾确实不够"仁慈"。后来辛弃疾整顿吏治，对贪官污吏也毫不留情。如兴国县官员黄茂材，加收百姓捐税，被连降两级；赣州守臣施元，对百姓很严苛，地方上怨声载道，辛弃疾罢了他的官。在长沙任上，乡举时，有人告发考官舞弊，滥取第十七名卷子。辛弃疾调过卷子一看，果然如此。启封姓名一看，叫赵鼎，跟南宋高宗朝名相重名，大怒，曰："佐国元勋，忠简（赵鼎谥号）一人，胡为又一赵鼎！"不客气地把卷子扔到了地上。

其实，辛弃疾不是不讲人情，只是对能吏和恶官态度截然不同。在大理寺时，同事吴交如为政清廉，去世时竟买不起棺木，辛弃疾向他遗孀赠送钱物，帮助将他下葬；湖南衡山县尉戴翊，很有才干，被辛弃疾提拔为县令；武陵县令彭汉老，关心民众疾苦，辛弃疾上奏朝廷请求嘉奖。辛弃疾仁政爱民、提携下属的一面，被言官们选择性忽视。

"虐害乡里"，大抵是指变酒业为官营、强行向民众筹集砖瓦等。这些确实加重了乡里负担，不过事出有因，情有可原。

王蔺对辛弃疾的另一个指责是"凭陵上司"，就是冒犯上级，不把领导放在眼里。辛弃疾把枢密院的"御前金字牌"受而不办，这一条倒不甚冤枉。

王蔺还用骇人听闻的语言攻击辛弃疾："用钱如泥沙，

杀人如草芥。"

王蔺弹劾的这些罪状,大多是凭空推论,主观臆断。按现在的司法理论,叫证据不足。

谣言说一千遍,便成了真理。比如古代"三人成虎"的故事,就是典型。

战国时期,魏国庞葱要跟着太子到赵国做人质,他知道不在魏王身边,一定有人造谣生事,对自己不利,所以问魏王:"有个人对您说,闹市上有一只老虎,您相信吗?"

魏王说:"老虎怎么会跑到闹市?我不信。"

庞葱说:"第二个人又来向您报告,老虎确实在闹市里。"

魏王说:"我会怀疑事情真假。"

庞葱说:"现在三个人信誓旦旦,都说闹市有老虎,您怎么看?"

"这个……,应该会相信。"魏王回答。

庞葱劝诫魏王:"闹市中不会有老虎,这是很明显的事,但大家异口同声说有,听的人就会信以为真。我不在大王身边,难免有人议论中伤我,希望大王明察。"

魏王说:"我明白了,你放心去吧。"

后来,如庞葱所料,毁谤他的人很多。多亏他事先向魏王预警，但最后魏王还是信了这些谣言，疏远了他。

所谓众口铄金，也是这个道理。

宋代言官产生的冤情有案可寻。北宋大文豪苏轼，就差一点被言官冤害而死。

苏轼从徐州调到湖州，依惯例向皇帝上表谢恩。苏轼在谢恩表最后加了句牢骚话："知其愚不适时，难以追陪新进；察其老不生事，或能牧养小民。"

这句话的意思是：陛下知道我不识时务，难以追随当权的新贵；审视我从不折腾生事，或许适合做地方官服务百姓。

当时当权的革新派，认为这是对当政者的不满，上奏皇帝称苏轼"愚弄朝廷，妄自尊大"。他们又从苏轼过去的诗词中寻章摘句，指责他"包藏祸心，怨望其上，讪谤谩骂，而无复人臣之节者，未有如轼也"。他们说"读书万卷不读律，致君尧舜知无术"是攻击皇上普及法律，"东海若知明主意，应教斥卤（盐碱地）变桑田"是攻击皇上兴修水利……

当权的革新派不断造谣生事，神宗将信将疑，将苏轼打入大牢，差点定为死罪。史称"乌台诗案"。

宋代善待文人，据说是赵匡胤祖训。但苏轼因言获罪，差点酿成冤狱，不能不说是对赵氏祖训的绝妙讽刺。

如果苏轼因乌台案被杀,世间少了苏东坡,我们又从哪儿读到《赤壁赋》《念奴娇》这样的极致美文呢?

这将是中华文化的巨大损失。

现在辛弃疾这位比肩苏轼的大词人,面临着与苏轼同样的遭遇。单从"用钱如泥沙,杀人如草芥"这样的罪名看,比苏轼有过之而无不及。

好在宋孝宗一直对辛弃疾十分赏识,为他挡掉了许多明枪暗箭。加上孝宗期间,主战派势力一直比较强大,所以辛弃疾受到弹劾,但并没有面临苏轼那样的困境。

不过,宋代言官具有相当大的势力,即使皇帝也不能独断专行,宋孝宗无法说服满朝文武,只得一纸诏书,将辛弃疾免官削职。

这是辛弃疾第一次遭遇免职,距他升迁为奉议郎不到三个月。

他被朝廷免去官职,但保留了薪俸待遇。当时的右丞相兼枢密院事王淮说:"辛弃疾是个不易驾驭的人,日后也许有用,不应过于冷淡他。"

从担任大理寺少卿起,辛弃疾就意识到自己处于舆论的旋涡之中,他又不愿将就、改变自己,而是早已做好了退隐的准备。

这种准备有思想上的,也有物质上的。

官员出仕宦游，四处漂泊，身不由己，往往对某一块地方情有独钟，从而选择它作为自己的终老之地。如苏轼先后十四次到常州，有感于这里风光秀丽、人文荟萃，两次向朝廷上表，乞住常州，最后从海南返程中，病死常州，也算是终了心愿。

辛弃疾三次任职江西，对江西怀有深厚的感情。况江西山清水秀，风光旖旎，正合他心意。

辛弃疾看中的地方在信州。

信州治所上饶城，南北是连绵不断的低矮山脉，中间有信江缓缓流过，依山傍水，是一个风景优美、舒适宜居的地方。

信州位于江东、江西与福建三路交界处，陆路西通南昌、赣州，东北直达临安，水路信江是通往鄱阳湖的重要通道，其交通枢纽地位，受到官绅士人青睐。南宋时期将信州作为居住之地的显赫人物达百位以上。

上饶城北，有一处空旷之地，南北长1230尺，东西宽830尺，地面平坦，可以建屋，亦可耕种。最妙的是，这块地前面，是一泓狭长的清泉，泉水澄碧，光可鉴人；远处有一山峦叫灵山，舒目望去，山色如黛，岚雾缭绕。

真是一处不可多得的宜居之地！

有珍宝，还要遇有缘之人。那么多官绅名士到信州居住,却没有人留意这块风水宝地。这也是天作地藏,它静静地荒芜着,等待辛弃疾到来,犹如风雨等待雷电,犹如鲜花等待粉蝶,犹如佳人等待知音。

辛弃疾一眼看上了这块地,把它买下,作为自己隐居之地。眼前的湖泊还没有名字,辛弃疾见其澄净如宝带,为它取名"带湖"。

从此,这个貌不惊人的小湖,因辛弃疾而名扬天下。

辛弃疾毫不掩饰对带湖的喜爱之情,他写道:

水调歌头

带湖吾甚爱,千丈翠奁开。先生杖屦无事,一日走千回。凡我同盟鸥鹭,今日既盟之后,来往莫相猜。白鹤在何处?尝试与偕来。

破青萍,排翠藻,立苍苔。窥鱼笑汝痴计,不解举吾杯。废沼荒丘畴昔,明月清风此夜,人世几欢哀?东岸绿阴少,杨柳更须栽。

带湖是词人最爱的地方,宽阔的湖水像一面打开的翠绿镜匣,晶莹澄澈。

词人无官一身轻,有了更多闲暇,手持拐杖,脚蹬麻鞋,在带湖四周徜徉。湖畔有憩息的鸥鹭,词人与它们游玩嬉戏,没有丝毫隔阂。还有那性情高洁的白鹤在哪里,也请一起飞来作伴!鸥鹭立于青苔之上,拨动浮萍,拨开绿藻,寻找着水中的鱼儿。它们对词人不理不睬,亦无法与词人举杯对饮。这里过去是废弃的水泽、荒芜的山丘,经过词人的打理,今夜明月清风。东岸绿荫少,来日还要再栽种一些柳树。

人世有欢乐,有悲哀,此事古难全,且不去理会。

鸥鹭来去无心,自由翱翔,与鸥鹭同盟同住,意味着隐居,与官场割裂,与世事无争。李白表达自己归隐的意愿,写道:"明朝拂衣去,永与海鸥群。"黄庭坚则说:"万里归船弄长笛,此心吾与白鸥盟。"

带湖景色秀美,静谧祥和,词人心情平和、舒适,将在这里度过大段闲适的时光。

第四章

剩水残山无态度

- 稼轩
- 风物
- 佳人
- 唱酬
- 知音
- 鹅湖
- 帝师

稼轩

> 衡门之下可栖迟,日之夕矣牛羊下。
>
> ——辛弃疾

罢官前,辛弃疾就着手在带湖建造居所。他盖房屋百间,先在地势较高的地方建造两层阁楼,取名集山楼,后改名雪楼。又在雪楼前面盖起一排平房,平房对面就是澄碧如洗的带湖。

房舍占去空地的十分之四,余下的土地,被他辟为农田。辛弃疾深耕犁锄,引带湖水灌溉,种上蔬菜、水稻。

陶渊明厌恶官场,忍受不了心为形役,挂冠而去,回到田园,自己耕种,种上菊花以明志,种上高粱以酿酒,亲自下地，植杖耘耔，"晨兴理荒秽，带月荷锄归"，成为美谈。

苏轼因乌台诗案，戴罪黄州，俸禄减半，生活无着。他在城东开辟一块荒地，自耕自给，聊解衣食之困，并自号"东坡居士"，从此，世上已无苏轼，文坛始有东坡。

辛弃疾要像陶渊明、苏东坡一样，亲自下田，育稻插秧，自己劳动，自己收获，体验农夫的辛劳与快乐。当时，北方人重视耕作，南方人重视商业，辛弃疾一直认同自己是北方人，并且他认为农业乃立国之本，有意倡导农桑，所以亲力亲为，作为垂范。他对家人说："人生在勤，当以力田为先。"

为明心志，他将临湖的一排平房取名"稼轩"，自号"稼轩居士"。"稼"指庄稼，亦指农业劳动，"轩"为屋舍。辛弃疾要彻彻底底隐居下来，做一个地地道道的农夫。

此后，人们便常以稼轩称之。

他集古书经句，表明志向：

踏莎行

进退存亡，行藏用舍。小人请学樊须稼。衡门之下可栖迟，日之夕矣牛羊下。

去卫灵公，遭桓司马。东西南北之人也。长沮桀溺耦而耕，丘何为是栖栖者。

"进退存亡"出自《易经》:"知进退存亡而不失其正者,其惟圣人乎!"意思是能够把握进退存亡的时机,就可以称为圣人。

"行藏用舍"出自《论语》:"用之则行,舍之则藏。"即是说受到赏识,就可以出仕干一番事业;反之,就知难而退,归隐山林。

"小人请学樊须稼"亦出自《论语》。《论语·子路》记载孔子学生樊须请求学习种田,孔子说你应该去请教老农,樊须又请求学习种菜,孔子说不如请教菜农。樊须灰溜溜地走了,孔子对其他弟子说:"小人哉,樊须也!"樊须不请教治国之术,反而去学习耕作,是不成器的小人呀。

两句连贯起来读,词人交代了建造稼轩的缘由:既然朝廷不能任用自己,那他就应该听从圣人教诲,懂得进退。既然不能为国出力,不如像樊须那样,学习种田种菜这样的"小人"之道。

"衡门之下可栖迟"出自《诗经》。《诗经·陈风》有《衡门》一诗,曰:"衡门之下,可以栖迟。"衡门指贫者之居,亦指隐者之居。栖迟的意思是栖息、安身。贫寒简陋的屋子,也可以栖息安身,劝诫人要甘于贫贱,不慕富贵。这半句通常用来描写隐居者安贫乐道、怡然自乐的生活。

"日之夕矣牛羊下",出自《诗经·王风·君子于役》:

"日之夕矣,羊牛下来。"描写的是农村田园生活。

这句话说自己满足于简单、恬静的隐居生活。

"去卫灵公"出自《论语》。孔子到卫国,卫灵公问排兵打仗的方法。孔子说,我只懂礼仪方面的学问,军旅之事,没有学过。第二天,孔子就离开了卫国。

"遭桓司马"出自《孟子》。讲述孔子在卫国、鲁国不得志,过境宋国,宋国司马桓魋要截杀他,孔子不得不化装易服,偷偷地离开宋境。

"东西南北之人也"出自《礼记》,说孔子周游列国,行踪不定。

"长沮桀溺耦而耕,丘何为是栖栖者"均出自《论语》。长沮、桀溺都是隐者,他们在一起耕种,孔子学生子路向他们问路,他们对子路说:你与其跟着孔子这样的"避人之人",不如跟着我们这样的"避世之人"。"避人之人"指洁身自好的人,"避世之人"指隐居的人。微生亩是另一位隐居者,他对孔子说:"你为什么那样忙忙碌碌东奔西走呢?"

下阕都是在写孔子,通过写孔子被驱逐、被截杀,反衬隐居的闲逸、安适,表明词人要做逍遥自在的隐居者。

无论诗,还是词,最初都要配合曲演唱,属于"娱乐"的范畴,在古人看来是细枝末节。而"经",才是治国安邦的圣贤教诲。以现在做比较,"经"是政治哲学、政策方针、教材课本,诗词则是综艺舞台、歌厅酒吧演出的娱乐节目。

辛弃疾集经句成词,就像用庄重的语言唱"流行歌曲",有些不伦不类。他用这样鲜明的反差,把隐居这样的事情说得"意义重大",正是要告诉世人:背后的隐情,很无奈,很苦涩。

与其说是挖苦孔子的狼狈窘迫,不如说是嘲笑自己的怀才不遇。

辛弃疾"二年历遍楚山川",南归以来,居无定所,非常渴望给家人以安定。所以他为带湖庄园倾注心血,庄园的建筑风格、屋舍布局乃至亭台楼阁、树木花草、池塘小径,都由他亲自设计,并且画成样图,交付工匠依图施工。以至于建成之后,大儒朱熹感叹平生从未见过如此豪华精致的别墅。

带湖新居建成时,辛弃疾还在江西任上,暂时无法前往居住,他感到非常遗憾:

沁园春

三径初成,鹤怨猿惊,稼轩未来。甚云山自许,平生意气;衣冠人笑,抵死尘埃。意倦须还,身闲贵早,岂为莼羹鲈鲙哉。秋江上,看惊弦雁避,骇浪船回。

东冈更葺茅斋。好都把轩窗临水开。要小舟行钓,先应种柳;疏篱护竹,莫碍观梅。秋菊堪餐,春兰可佩,留待先生手自栽。沉吟久,怕君恩未许,此意徘徊。

这首词可以说是辛弃疾的"退隐宣言",是辛弃疾版的《归去来兮辞》。

《归去来兮辞》写道:"归去来兮,田园将芜胡不归?既自以心为形役,奚惆怅而独悲?悟已往之不谏,知来者之可追。实迷途其未远,觉今是而昨非。"归来吧,田园快要荒芜,为什么还不回来!行为制约心灵,让人惆怅悲伤。过去不可改变,明天还可悔过自新。误入迷途还没有太远,现在才醒悟,过去错了,现在还可以做出正确选择。

辛弃疾说:"甚云山自许,平生意气。"退隐山林是平生的志趣。"意倦须还,身闲贵早,岂为莼羹鲈鲙哉。"他厌倦了官场的是是非非,要急流勇退,求清闲越早越好,不纯粹是为享受莼羹鲈鲙的美味。

"意倦须还"与"田园将芜胡不归",语异而意近,见惯了官场的钩心斗角,不如归去,享受躬耕田园的简单生活。

"秋江上"一句，是词人"意倦须还"的原因，也道出了当时的处境：官场如江湖，惊弦声声，骇浪层层，汹涌澎湃，处处风险。

下阕是词人对带湖新居的规划：东冈上盖起茅屋作书斋，门窗要对着清凌凌的湖水；湖岸种上杨柳，方便划船垂钓；要种上翠竹，还要能够观赏梅花，扎上稀疏的篱笆，保护庄园的花草；要像屈原那样，秋天能够食用菊花，春天可以佩戴兰花，这些象征着高洁品行的花草，要留着他亲自栽种。

这份规划，只点到书斋、垂柳、梅竹、秋菊、春兰等几种事物，因为这几种事物最能体现隐士的情怀。

辛弃疾担心新居建好之后，"君恩未许"，没有机会享受带湖风光，不想皇帝似乎跟他"心有灵犀"，及时将他罢官免职。

词人不知该悲哀，还是庆幸。

梁实秋先生说：要想一天不得安生，请客；要想一年不得安生，盖房。对于许多平头百姓来说，盖房就是一辈子的事业。

今人盖房不易，古人盖房更难。从商周时，古人便形成了一套繁杂的建筑礼仪，如卜宅、正位、奠基、安宅等。

跟现今城市的高楼不同，古代的房屋上面是高高的屋顶，方便排水和保持室内温度。整个屋顶由梁栋支撑，梁栋是一座房屋承重的关键，所谓"栋梁之才"。

古人特别注重上梁。上梁前要写好祝词，祝福好运，在上梁时歌唱，这样的祝词称"上梁文"。北魏时期，就有《阊阖门上梁祝文》，写道：

> 维王建国，配彼太微。大君有命，高门启扉。良辰是简，穆卜无违。栋梁乃架，绮翼斯飞。八龙杳杳，九重巍巍。居宸纳祜，就日垂衣。一人有庆，四海攸归。

唐、五代后，地位显赫的文人也开始为新居写上梁文。如欧阳修写过《醴泉观本观三门上梁文》，苏轼有《白鹤新居上梁文》，杨万里有《施参政信州府第上梁文》等。

带湖新居是辛弃疾归宋二十年全部家业，寄托着他"甚云山自许，平生意气"的隐居理想，所以他亲自为新居写了上梁文。

在简单叙述自己建造带湖新居情况后，辛弃疾写道：

> 抛梁东，坐看朝暾万丈红。直使便为江海客，也应忧国愿年丰。

抛梁西，万里江湖路欲迷。家本秦人真将种，不妨卖剑买锄犁。

　　抛梁南，小山排闼送晴岚。绕林乌鹊栖枝稳，一枕熏风睡正酣。

　　抛梁北，京路尘昏断消息。人生直合住长沙，欲击单于老无力。

　　抛梁上，虎豹九关名莫向。且须天女散天花，时至维摩小方丈。

　　抛梁下，鸡酒何时入邻舍。只今居士有新巢，要辑轩窗看多稼。

上梁文属骈体文，常人写的上梁文，大多文辞华丽，但空洞无物。而辛弃疾的上梁文，展现了"欲击单于老无力"的无奈，"不妨卖剑买锄犁"的旷达，"小山排闼送晴岚"的美景，"一枕熏风睡正酣"的闲适，"要辑轩窗看多稼"的自勉。这篇上梁文写出他当时的真实感受和理想追求，确属上梁文中的上品。

带湖新居建成时，辛弃疾刚好被弹劾罢官。他把家眷接到信州，搬进新居，开始了长达十年的带湖隐居生活。

这一年，辛弃疾才四十二岁。

辛弃疾从小受祖父熏陶，将收复中原作为毕生抱负。

但他又饱读诗书，自期真儒，《孟子》云："穷则独善其身，达则兼善天下。"这是儒家一贯的主张和态度。所以退居带湖，辛弃疾心理上并无太大不适，能够做到泰然处之，宠辱不惊。

离开是非纷争之地，辛弃疾从俗务中抽身出来，回归自我。这一时期，他内心宁静澄澈，生活闲适，在自我的天地里流连徜徉，悠然自得。

他写了一首《菩萨蛮》，表现刚刚入住带湖新居时的生活和心情。

菩萨蛮

稼轩日向儿童说。带湖买得新风月。头白早归来，种花花已开。

功名浑是错。更莫思量着。见说小楼东，好山千万重。

忘掉功名抱负，眼中只有鲜花和山峦，做一名真正的隐士，风月无边。

风物

> 做一棵树吧,既能感受天空的高远、风雨的凄厉,也能体会原野的芬芳、大地的温存。
>
> ——题记

自耕自足的隐居生活,让辛弃疾有机会深入接触乡村现实,将笔触延伸到底层人民,从而发出不同于"剑指三秦""落笔龙蛇"的声音,在说剑论诗之余,更多地关心农村那些平凡小事。

白天,他到附近村落中,看乡农们种田弄稻,一来平复被罢官而失落的心情,二来向乡农们学习种植技艺,因为还有一大片稻田等着他去侍弄。

在附近的小村庄，他看见一家人在忙活农事：

清平乐

茅檐低小，溪上青青草。醉里吴音相媚好，白发谁家翁媪？

大儿锄豆溪东，中儿正织鸡笼。最喜小儿亡赖，溪头卧剥莲蓬。

在家乡说方言，在朝中讲官话，隐居乡里，听到最多的是南方的方言，听着如鸟鸣，柔媚、明丽。而房屋也不同于北方，大都建造在溪水边，小桥横斜，小船荡漾，青草依依，杨柳婀娜，真的是诗情画意，田园牧歌，令人陶醉。

一家五口就生活在这诗情画意之中，他们劳动的场景也令人心驰神往。老头儿和老太太已白发苍苍，他们一边喝着小酒，一边吆喝着给儿子们分配活儿干。大儿子在溪水东畔的田里锄豆；二儿子在门外织着鸡笼；最可爱的是小儿子，在溪水旁剥着莲蓬。

这首词的美在于有动感，有画面，很形象，活灵活现，栩栩如生。老人、青年人、儿童，各自忙碌着自己的生活，年龄不同、身份不同，忙碌的内容也不同，但他们都充满活力，他们的生活充满乡土气息，充满浓浓的烟火味道。

辛弃疾意犹未尽，沿着田间小路向山边走去。山里的农事又是另一番风景：

鹧鸪天

陌上柔桑破嫩芽，东邻蚕种已生些。平冈细草鸣黄犊，斜日寒林点暮鸦。

山远近，路横斜，青旗沽酒有人家。城中桃李愁风雨，春在溪头荠菜花。

这里的农业以桑蚕为主，桑树刚刚吐出嫩芽，幼蚕已经孵出。小牛在草地上鸣叫，暮鸦在树林里鼓噪。夕阳西下，平冈春晚，小溪静静地流淌，荠菜花开满山野。

山路的拐角处，炊烟袅袅，几户人家稀疏坐落在山洼。最近的一处茅屋前，挂着青色的酒旗，飘摇着招徕赶脚的客人。酒香洋溢，又一个一醉方休的夜晚！

辛弃疾经常为了酒兴，或者赶远路游览，借宿酒家，或者农户。

春天，乡村最隆重的活动要数春社了。

春社是中国最古老的节日之一，可以追溯到上古时代。最早的春社，叫"桑林大会"，是男女青年的"相亲大会"。春季的某一天,大约在春分前后,农事不忙,天气转暖,春光明媚,桑柘葱郁。这时候人们结伴去参加"仲春大会"。白天男女老少聚集起来,唱歌跳舞,嬉戏游玩。晚上,青年男女来到桑林中,和喜欢的人幽会,若钟情便一拍即合,男的将女的领回家,这辈子的情缘在一次狂欢中敲定。

《诗经》有一篇《桑中》,记述这种"桑林大会":

爰采唐矣?沫之乡矣。云谁之思?美孟姜矣。
期我乎桑中,要我乎上宫,送我乎淇之上矣。

大意是说:在哪里采摘女萝草呀?在沫城的郊外。我想念的人是谁呀?是那美丽的孟姜。约我来到桑林中,邀请我来到阁楼上,送别我到淇水上。

秦汉之后,春社上男女嬉戏被严格禁止了。春社演变成以祭祀为主的节日。节日里,人们举行庄重的仪式,把酒糕、米饭、猪羊肉拿出来奉祀土地神,祈祷丰收。祭祀过后,敲社鼓、食社饭、饮社酒、观社戏,十分热闹。大家随意吃喝,吃不完的肉和其他祭品,还可以拿回家,或者分割给参加社祭的每一户人家。

唐朝诗人王驾笔下的春社:

鹅湖山下稻粱肥，豚栅鸡栖半掩扉。

桑柘影斜春社散，家家扶得醉人归。

鹅湖山就在信州，离上饶不远。

辛弃疾兴之所至，也会参加当地的春社活动，不过他的关注点不在那些热闹的娱乐活动，他偷偷地在一旁观察，发现狡猾可爱的儿童们，在社日里有自己的欢乐：

清平乐

连云松竹，万事从今足。拄杖东家分社肉，白酒床头初熟。

西风梨枣山园，儿童偷把长竿。莫遣旁人惊去，老夫静处闲看。

词人拄着拐杖，闲庭信步，到松竹连云的村庄里看春社。大概是词人经常到这里来，跟村里人相当熟识。他和乡亲们一起分吃社肉，醉饮刚刚酿熟的白酒。等大家耳热酒酣，他悄悄地走出去，来到村外的果园，也许想摘个果子解渴，也许想在果树下感受田园气息。正巧看到一幅场景：孩子们拿着长竿，正准备偷打梨花。词人悄悄地替孩子们"站岗放哨"，不让旁人惊动贪玩的孩子，一个人静静地欣赏孩子们天真顽皮的"游戏"。

这首词的妙处在于充满童趣,词人虽然自称老夫,但像个无邪的孩童,在乡村田园里自由地享受平和宁静的生活。

信州广丰县有一处博山岭,山峰远望如庐山之香炉峰,南临溪流,风景秀美。五代时天台韶国禅师曾在此建寺,取名博山寺。辛弃疾经常到博山游赏,在这里留下大量词作。

明月还悬挂高空,三三两两的星星不忍隐去它们逐渐暗淡的身影。辛弃疾便起早骑马前去博山,马从江边的柳树旁跑过,晨雾打湿了衣衫。江边的沙滩上,白鹭刚刚睁开睡意蒙眬的双眼,还在重温梦里的鱼虾。尽管天色未明,勤快的妇女已在江边淘洗衣服。她们身姿轻盈,体态婀娜,细微的笑声像江水一样清澈。

这样的清晨妙不可言。词人灵光乍现,吟道:

清平乐

柳边飞鞚,露湿征衣重。宿鹭窥沙孤影动,应有鱼虾入梦。

一川明月疏星,浣纱人影娉婷。笑背行人归去,门前稚子啼声。

最后，婴儿的哭声划破宁静的清晨，一位浣纱女子急忙丢下同伴，往家里跑去。

原来，劳动可以这样美！原来，琐碎的生活到处都是诗意！

去博山途中有一王氏酒店，是辛弃疾经常歇脚的地方，辛弃疾在这里留下"一川松竹任横斜，有人家，被云遮。雪后疏梅，时见两三花。比着桃源溪上路，风景好，不争些"这样的优美词章。

在博山寺，辛弃疾同法师谈经论道，探究人生真谛。从官僚到农夫，经历大起大落，辛弃疾在这里得到安慰与觉悟：

鹧鸪天

不向长安路上行，却教山寺厌逢迎。味无味处求吾乐，材不材间过此生。

宁作我，岂其卿，人间走遍却归耕。一松一竹真朋友，山鸟山花好弟兄。

《老子》曰："为无为，事无事，味无味。"在无味中寻找适合自己的味道，就能品尝出至味。

《庄子》中有：

弟子问于庄子曰:"昨日山中之木以不材得终其天年,今主人之雁以不材死,先生将何处?"

庄子笑曰:"周将处乎材与不材之间。"

山中的树,因为不能做家具,没有用途才没有被人砍伐,得享天年;主人的大雁,因为没有用途,却被宰杀吃掉。到底是成材好,还是无用好?庄子告诉弟子:"在成材与不材之间最好。"

辛弃疾要做"味无味""材不材"之人,那就是做一个归耕的农夫,与一松一竹交朋友,同山鸟山花称兄弟。

辛弃疾与法师谈得投机,晚上就宿在博山寺,第二天他还要遍游博山。

第二天,辛弃疾早早起床,考虑到法师乃世外之人,不拘俗礼,所以也不告别,直接离开寺院,独自前往雨岩游玩。

雨岩是博山最美的景点,在一处山崖之下,有瀑布飞流而下,景色壮观。

如此美景,怎能无词?

生查子

溪边照影行,天在清溪底。天上有行云,人

在行云里。

　　高歌谁和余？空谷清音起。非鬼亦非仙，一曲桃花水。

　　一曲小令，道尽雨岩美景。

　　美景令人流连忘返，但这里还不是辛弃疾的目的地。博山西南六十里，有一处黄沙岭，"溪山一片画图开"，也是他喜爱的去处。他还在这里置了一处书屋，便于春夏到山中小住，享受旖旎风光。

　　辛弃疾着急赶路，到黄沙岭时，已是夜晚。俗话说，三里不同天，山里的天气反复无常，一边是月明星稀，一边豆大的雨滴已经落了下来。

西江月

　　明月别枝惊鹊，清风半夜鸣蝉。稻花香里说丰年，听取蛙声一片。

　　七八个星天外，两三点雨山前。旧时茅店社林边，路转溪桥忽见。

　　清风明月，最能凸显野外特点；惊鹊鸣蝉，亦是乡村惯有的意象。但仔细品味，则别有风情。月光清朗，一片宁静，一只喜鹊突然被惊动，扑棱棱地飞了起来，划破这片静谧，使这夜一下子有了生机。至于喜鹊因何而惊，也许是明亮的月光，也许是路上的行人。这是盛夏夜半农村特有的景象，只在此时此地发生，错过任何一个要素，少了任何一个机缘，都不可能复制这一场景。所以，这就是文学中的"这一个"，虽然不是"这一个人"，但却是"这一处景"。"清风"句亦是。蝉鸣在清风拂送下，更清亮，更悠远。如果把"明月""清风""惊鹊""鸣蝉"的组合进行调整，这种意象的感染力将大幅降低。

"稻花"句，传统的解释是，词人走在路上，听着稻田里阵阵蛙鸣，仿佛这些青蛙在愉悦地谈论着丰收的年景。由于整首词中，找不到相互对话的人，无法找到"说"的主体，所以只好把"说"的主体定位成"蛙"。这样一种机械的理解，把读者的关注点引导到蛙声中，作为人的喜悦情绪被忽视，是对词句的意境的一种破坏。其实，我们不必拘泥于"说"是外在声音的表达，也可以是心声的表达。词人鼻中闻着稻香，耳中听着蛙鸣，心中憧憬着丰年的景象，于是，喜悦之情便充溢在字里行间。

"七八个星天外"，天气骤然转阴，雨要来了，天上的星星也极其稀疏。青灰色的天空中，七八颗星点缀其间，更显得天空幽邃。星星是零碎的，天空是辽阔的，极致的零碎和极致的辽阔放在一起,形成极致的视觉反差,这就是好的文字带给读者的震撼。七八个星天外,短短的六个字,形成的画面感格外强烈。

"两三点雨山前",春天的雨像密密麻麻的线,纤细而轻柔;夏天的雨如晒干的黄豆,粒大而饱满,刚开始时,总是不经意地东撒一把西丢几颗,时有时无,时舒时缓,然后猝不及防地倾倒下来,肆意而淋漓。没有真切的观察与体验,写不出"两三点雨山前"这样传神的句子。

正当主人公为即将到来的大雨担心的时候,小桥旁,转弯处,社树边,一家乡村客店映入眼帘。主人公不止一次到这里来,经常在这座小客店歇息,但刚才专注于丰年的喜悦和乡野的景色,竟然没有觉察快到歇脚的地方了。

看似又一段不经意的景物描写,仔细想来,满满的都是心情的表达。

五十个字的小令,拎取"明月""惊鹊""清风""鸣蝉""稻花""蛙鸣""星""天""雨""山""茅店""社林""路""溪""桥"十五种景物,毫无堆砌、罗列之感。每一句都在白描,但每一句都能使人品味出词人的欢悦。

主人公没有出场,主人公也从来没有离场,这就是这首词的妙处。

这首《西江月》,清新的风格和辛弃疾一贯的慷慨激昂形象相去甚远。不禁让人感慨,山水确实能陶冶人的性情。同时也让我们明白,每一个硬汉心中,也都有恬静平和的一面。

辛弃疾那些唱和的词,沉雄豪迈,多用典故,有时失于生涩。这些描写乡村生活的小令,却清新朴素,生机盎然,让我们看到辛弃疾的另一面:平易近人、恬淡随性,如春风,如栖息于茅屋檐下的燕雀。

佳人

> 人生得意,佳人为其歌;人生落寞,佳人把其酒;人生仓皇,佳人揾其泪。红颜不在多,佳人难再得。
>
> ——题记

宋代文人活得潇洒,大多能谋得一官半职,有很丰厚的俸禄。三五好友下个馆子绰绰有余,"少年犹不忧生计,老来谁会惜酒钱"。不仅如此,风流成性的文人,尤喜风月。宋代文人多,风月场也多,支撑起汴京、临安的绝世繁华。

"向晚灯烛荧煌,上下相照。浓妆妓女数百,聚于主廊槛面上，以待酒客呼唤，望之宛若神仙。"这是孟元老《东京梦华录》中对宋代酒楼的记载。

宋代的酒楼，不仅仅是男欢女爱的地方，更是艺术的集散地，有专门唱歌跳舞的歌舞伎，亦有演奏各种乐器的艺人。这些艺术项目，往往代表当时社会的最高艺术水平。

诗词本来是配合曲演唱的，文人是创作者，歌伎是演唱者，文人与歌伎，有着共同的诉求和天然的联系。在相当长的历史时期里，文人出入青楼听歌伎演唱自己的或前辈的诗词，被认为是雅事。

据唐人薛用弱《集异记》记载，唐代诗人王昌龄、高适、王之涣，三人齐名。一日天寒微雪，三人到酒馆小酌，正碰上有四位歌伎。歌伎青春妙龄，嗓音清亮。三人喜不自胜，唤过歌伎演唱，拥炉以观。三人边听边约定曰："我三人诗名相当，不分上下，今天听这些歌伎演唱，唱谁的歌多，说明谁名气大。"第一位歌伎唱的是王昌龄"寒雨连江夜入吴……"，第二位唱的是高适"开箧泪沾臆……"，第三位唱的是王昌龄"奉帚平明金殿开……"。王昌龄说："我两首了，赢定了。"王之涣没有一首，连忙说："那位最漂亮的歌伎一定唱我的诗，否则这辈子不与你们争了。"等到最艳丽的歌伎登场，唱的果然是"黄河远上白云间……"。

第四章　剩水残山无态度

这是一段文坛佳话，一段与文人和歌伎有关的文坛佳话。

李白、柳永、苏轼等，都曾应歌伎所求填写新词，最能说明歌伎与文人相互依存的关系。

条件更好的文人士大夫，直接在家里蓄养歌伎、舞伎、乐伎，有朋友前来，便欢饮达旦，唤家伎助兴，风流快活。

其实，蓄养家伎的风气从汉代就开始风行，"纤便轻细，举止翩然"的汉成帝皇后赵飞燕，入宫前就是阳阿公主的家伎。魏晋时，士族大家蓄养家伎数量庞大，而且家伎地位低下，命运悲惨。石崇设宴请客，令家中乐伎敬酒，客人不喝，就杀乐伎。隋唐时，刘禹锡、白居易、元稹这些官僚文人，都蓄养家伎。白居易还津津乐道地写进诗中："黄金不惜买蛾眉，拣得如花三四枝。"

宋代蓄养家伎风气更炽。比如曾做过建康漕运的皇亲国戚赵彦端，居住在京口，专门建造了一所"风轩月馆"，在全国选拔歌伎舞女，供养起来，专供娱乐消遣。他还根据自己的喜好和客人的评价，评选出"十佳"，为她们作词赋诗。

家伎和家奴一样，属于主子家的奴隶，是"私人财产"，没有人身自由，甚至可以买卖和送人。她们除了演奏、唱歌、跳舞，还会侍奉主人起居，在家里和酒宴上做一些服务性工作。长相漂亮、性情温柔的家伎，有可能被主人纳为妾,所以古时候家伎、侍女、侍妾并没有明确界限。

自古男人好色,蓄养歌伎也是风流韵事。但古代妇女识文断字的不多,而歌伎往往色艺俱佳,诗词歌赋无所不通,所以最容易成为文人雅士的红颜知己。

"听软语,笑衰容,一枝斜坠翠鬟松。浅颦深笑谁堪醉,看取萧然林下风。"女人可以慰怀,辛弃疾一首《鹧鸪天》,道尽此中意。"倩何人唤取,红巾翠袖,揾英雄泪。"又是多少男人疗伤的良药。

辛弃疾是词中圣手,精通音律,喜欢时时听歌姬演唱自己或他人的词。岳飞之孙岳珂曾记述:"稼轩守南徐日,每开宴,必命侍姬歌其所作……歌竟,拊髀自笑,顾问坐客何如。"

为了演唱方便,辛弃疾蓄养了不少家伎。这些家伎的姓名大多淹没在历史的风沙之中,但从辛弃疾本人的词,以及前人的记载中,还是能窥视一二。

鹧鸪天

困不成眠奈夜何。情知归未转愁多。暗将往事思量遍,谁把多情恼乱他?

些底事,误人哪。不成真个不思家。娇痴却妒香香睡,唤起醒松说梦些。

夜里虽然困乏，但睡不着觉，为什么？因为那人还没有回来！把两个人曾经的恩恩爱爱一遍一遍地回忆，不知道现在有哪个女子，扰乱着他的心思，让他有家不归。这些事，误人呀！难道他真的不想家？侍女香香睡得正香，不行，我得把她叫起来，陪我说说话。

这是一首怨妇词，丈夫深夜未归，妻子独自难熬，怀疑丈夫在外有了别人，耽误了家庭。最后两句最有情趣，自己睡不着觉，却埋怨侍女睡得香甜，非要把人家也唤起来陪她说话。

词中写的虽然是女主人跟侍女的故事，但据分析，辛弃疾这首词中的香香，不是捏造的人名，而是家中一位歌伎的名字。

辛弃疾在带湖时，一年寒食前后，一位叫郑厚卿的朋友要赴衡州上任，辛弃疾在饯别宴上连做两首词为其送行，一首《水调歌头》，一首《满江红》，《满江红》词下面有一注释，曰"稼轩居士花下与郑使君惜别，醉赋，侍者飞卿奉命书"。可见，他还有一位侍女叫飞卿，能文善书，酒席间奉命为他代笔。

能够成为歌伎，特别是被主人挑中，成为家伎的，大都容貌秀美、多才多艺。碰到主人多情，产生爱慕之情不足为奇。辛弃疾特别喜爱这位侍女飞卿，但宋朝制度，通过官方市场买来的家伎有一定期限，期限满后，即需离去。这位飞卿到期离开后，辛弃疾每每想起，便不能自已。

西江月

人道偏宜歌舞，天教只入丹青。喧天画鼓要他听。把着花枝不应。

何处娇魂瘦影，向来软语柔情。有时醉里唤卿卿。却被傍人笑问。

这位叫卿卿的，是位歌舞伎，临别时，幼安托人为她画了一幅画，画中她手把花枝，笑依春风。词人擂响喧天画鼓让她听，可她只能微笑不语。想起她的姿态，是娇魂瘦影；想起她的语言，是软语柔情。这些都让词人深深依恋，刻骨相思。多少次，醉里不住地呼唤着卿卿的名字，身旁的朋友不明就里，不住追问卿卿是哪位红粉佳人。

"有时醉里唤卿卿"，虽然只是歌伎，亦可见词人用情至深，用情至真。

这大概也是文人情怀的一种吧。

除了香香、卿卿，以及为妻子范氏治病，准备送给大夫的整整，辛弃疾还有田田、钱钱等几位侍妾，田、钱是她们的姓，田田、钱钱就成了她们的昵称。这两位侍妾知书善文,常为辛弃疾代笔往来书信。

辛弃疾从带湖复仕,再遭弹劾后,年纪已大,精力大不如从前,于是遣散了不少歌伎侍女。那时他的一首《水调歌头》词序中就说:"时以病止酒,且遣去歌者。"遣散的歌女中就包括钱钱。钱钱走时,辛弃疾依依不舍,为她作词:

临江仙

一自酒情诗兴懒,舞裙歌扇阑珊。好天良夜月团团。杜陵真好事,留得一钱看。

岁晚人欺程不识,怎教阿堵留连。杨花榆荚雪漫天。从今花影下,只看绿苔圆。

因为侍女姓"钱",所以辛弃疾以"钱"为主题,做一首词,送给钱钱。

开头不关"钱"事,却说与"钱钱"分别的缘由,因为酒情诗兴日益减少,所以对歌舞的兴趣也日益阑珊,家里不需要那么多歌伎舞伎了。

以下都是扣着"钱"字去说。

钱是圆的,月也是圆的,所以"好天良夜月团团";后面"杨花榆荚雪漫天",也是因为榆荚圆小似铜钱。

杜甫有诗句"囊空恐羞涩,留得一钱看",词人化用过来,"杜陵真好事,留得一钱看"亦扣着钱字。

程不识是汉武帝时大将。丞相田蚡迎娶燕王的女儿做夫人,列侯和皇族都去祝贺。席间,大臣灌夫敬酒,临汝侯灌贤跟程不识耳语,没有恭敬地应酒,灌夫大骂:"生平毁程不识不值一钱,今日长者为寿,乃效女儿呫嗫耳语。"灌夫与灌贤的父亲灌婴关系很好,所以在灌贤面前自称长者。词中引用这一句话,扣的是"生平毁程不识不值一钱"。

《世说新语》记载:"王夷甫雅尚玄远,常嫉其妇贪浊,口未尝言钱字。妇欲试之,令婢以钱绕床不得行,夷甫晨起,见钱阂行,呼婢曰'举却阿堵物'。"西晋宰相王衍自认为是名士,不屑于谈钱,他的老婆郭氏却贪敛成性。一次,郭氏要试试他到底说不说"钱"字,令婢女夜间把他的床四周都撒满钱,看他怎样从床上下来。王衍早上醒来,对婢女喊道:"把这东西给我拿开。""阿堵物"后来成为钱的代称。

绿苔又称绿钱,也是因为其样子像铜钱。

整首词充满调侃,唯有最后一句,"从今花影下,只看绿苔圆",从此只看花影下像钱似的绿苔。这里的"钱",既指钱物的钱,更指歌女钱钱。

我的眼里只有你,一语双关,说透相思。

还有一位叫粉卿的歌伎,也是这个时候被遣散。

鹊桥仙

　　轿儿排了,担儿装了,杜宇一声催起。从今一步一回头,怎睚得、一千余里。

　　旧时行处,旧时歌处,空有燕泥香坠。莫嫌白发不思量,也须有、思量去里。

　　文人在歌伎堆里混久了,学习了许多方言俚语入词。这首词遣词造句简单通俗,却说尽了别情。上阕写别离场景,难舍难分;下阕写别后思念,人虽白发,犹自多情。

　　辛弃疾还有一些闺怨词,与词人的亲身经历并无太多关联。

　　"北方有佳人,绝世而独立。"人人都有颗爱美的心,纵然英雄豪杰也不例外。但英雄豪杰不会耽溺于儿女情长,因为他们始终不会忘记人生的使命。

　　辛弃疾,不是耽溺于情爱的男人。

唱酬

> 人生可以孤独，不能孤僻；可以失去前途，不能没有朋友；可以离群索居，不能心如死水。
>
> ——题记

风物、风情，稼轩、佳人，带湖的辛弃疾似乎轻松惬意。然而，这一切，难以掩抑他内心的悲苦。

只是他学会了不说。

丑奴儿

少年不识愁滋味，爱上层楼，爱上层楼，为赋新词强说愁。

而今识尽愁滋味，欲说还休，欲说还休，却道天凉好个秋。

　　这一天，辛弃疾在去博山的路上，看到满眼秋色，莫名就想起来这几句。

　　少年已识愁滋味。那时，在北方，心向祖国，备感煎熬。那时，以为这便是极致的愁，于是，登高南望，望断南飞雁，只为远方，有一处地方，远离家乡，却寄托着理想。

　　少年不识愁滋味。比起现在，才知道，那时候的愁，只是清浅的小溪，一眼就看到了底。

　　如今愁深似海，暗潮涌动，表面上却风平浪静，波光如镜。因为愁深，所以内敛，怕一不小心说出来，惊涛骇浪，鬼泣天惊，就连自己也被幽暗吞噬。

　　所以，不说。

　　谈谈风月，谈谈收成，谈谈诗词，谈谈美酒，谈谈稻田里的一场蛙鸣。

　　谈谈天气。

　　秋天真好，洗尽山色，万里寥廓，清清朗朗。从三千繁华中解脱出来，回归本真的世界。

　　真好。只是，秋意浓，天微凉，走在盘旋空阔的山路上，凄清孤独。

这凄清孤独，来自内心深处，欲说还休。

好在还有一帮志同道合的朋友。

带湖新居前一排平房"稼轩"，供辛弃疾及家人日常生活起居，后一排"雪楼"，主要用于会客、招待。

辛弃疾为人豪放、直率，又善文墨，有见识，虽然远离朝政，但他的朋友还是挺多的。这一时期与他往来频繁的好友有韩元吉、汤邦彦、陈德明、赵善扛、徐安国、杨民瞻、晁楚老等，这些人都是雪楼常客。雪楼正是因辛弃疾与这几位朋友在这里携酒观雪而得名。

带湖南行七八里路，上饶城南，信江南岸，有一小溪，名南涧。这里住着南宋著名词人韩元吉。因为这条小溪，韩元吉便自号"南涧"。

韩元吉字无咎，颍川人。北宋时期，韩姓有两大显赫的支族，一个是相州韩氏，一个是真定韩氏。相州韩氏喜种梅花，称梅花韩氏；真定韩氏家里多种梧桐，因此被称为桐木韩氏。韩元吉属桐木韩氏。其祖上韩亿曾做过北宋的参知政事，为副丞相，四世祖韩维也是一代名臣。靖康之难时韩家迁徙福建，那一年韩元吉才十岁。

韩元吉两次科考，都落第不取，三十三岁以门荫得以进入仕途，当时人评价说："韩元吉虽袭门荫而学问远过于进士。"

后来,韩元吉官至江东运转使、大理寺少卿、知建宁府、知江州、吏部侍郎、吏部尚书、知婺州等职,为龙图阁学士。

韩元吉是一贯的主战派,但张浚隆兴北伐时,他却坚决反对。他认为南宋已多年不修兵事,军队早已不是岳飞时期的军队,士兵怯懦,兵备陈旧,若劳师远袭,必然失败。他主张用和议疑惑敌人,让金人松懈;以防守自强,为战争争取时间;积极备战,操练士兵,更新武器,等时机成熟时再图一战。

这种观点与辛弃疾十分相似。

韩元吉官阶低时,曾在信州任职四年,对这里情有独钟。1180年,年逾花甲的他选择在信州定居,作为终老之地。

韩元吉比辛弃疾大二十二岁,出名早、官位高,在政坛和文坛都是老前辈。当时寓居信州的文人,公推韩元吉为文坛盟主,辛弃疾对他也非常尊重。二人来往密切,韩元吉有时自己携酒,从城南徒步城北,到雪楼与辛弃疾把酒临风,诗酒唱和。

韩元吉的生日比辛弃疾晚一天,所以每年寿辰,是他们相聚最欢的时刻。1184年,辛弃疾四十五岁,韩元吉已

六十七岁高寿。为辛弃疾祝寿时,韩元吉欣然命笔,写了一首《水龙吟》:

水龙吟

南风五月江波,使君莫袖平戎手。燕然未勒,渡泸声在,宸衷怀旧。卧占湖山,楼横百尺,诗成千首。正菖蒲叶老,芙蕖香嫩,高门瑞、人知否。

凉夜光躔牛斗。梦初回、长庚如昼。明年看取,纛旗南下,六赢西走。功画凌烟,万钉宝带,百壶清酒。便留公,剩馥蟠桃分我,作归来寿。

词中描写带湖风光,赞美雪楼新居,更称颂辛弃疾"平戎手""诗成千首"。同时对辛弃疾寄予厚望:战胜金国,恢复河山,功垂青史。"六赢"代指侵略者。卫青、霍去病战胜匈奴,迫使单于西逃。这里希望辛弃疾能带兵战胜金国,恢复河山。凌烟阁是唐代专门为表彰功臣而修建的阁楼,专门挂功臣画像;达官贵人的腰带上钉有很多玉片,万钉宝带代指高官厚禄。

次日,韩元吉寿,辛弃疾作词和之:

水龙吟

渡江天马南来,几人真是经纶手?长安父老,新亭风景,可怜依旧。夷甫诸人,神州沉陆,几曾回首!算平戎万里,功名本是,真儒事,公知否。

况有文章山斗,对桐阴、满庭清昼。当年堕地,而今试看,风云奔走。绿野风烟,平泉草木,东山歌酒。待他年,整顿乾坤事了,为先生寿。

南宋半壁江山,同东晋最为相似,所以辛弃疾词中使用很多东晋的典故。新亭是东晋时建康重要的军事堡垒,也是一处风景名胜。后新亭毁于战火,史致道知建康府时,曾经复建。东晋南渡不久,有一次朝臣大夫在新亭宴饮,名士周𫖮忽然叹息道:"风景依旧,江山却已易主。"众人听了,无不相视而泣。这时候,丞相王导拍案而起,严肃地说:"应当团结一心,为朝廷分忧解难,克复神州,怎么能像亡国奴一样哭哭啼啼。"这就是著名的"新亭对泣"的典故。辛弃疾引用这个典故,表达收复国土的决心。

夷甫是西晋宰相王衍的字,他窃居高位,却不思为国,崇尚清谈,无所事事。西晋正是在他当政时灭亡。

朝廷南渡以来,谁能称得上治国安邦的栋梁之材?北方的父老乡亲,时刻在盼望王师北定中原,朝廷中的有识之士无不感叹山河破碎。而那些夸夸其谈的当权者，却根本没有把收复失地放在心上！

先生您知道吗？为国效力，平定天下，收复失地，是读书人真正的事业。

词人夸韩元吉是文坛泰斗，为收复失地奔走操劳，在政坛上也曾大显身手；称赞他辞官闲居信州，像裴度隐居绿野堂，像李德裕隐居平泉庄，像谢安隐居东山一样，风流雅趣。

最后，词人充满豪情地预言：将来一定会整顿乾坤，恢复中原，到那时，再认真地为先生祝寿庆贺！

绿野堂是唐代名相裴度隐居的住所，李德裕在洛阳的别墅叫平泉庄，东晋名臣谢安则长期隐居在东山。

词人将韩元吉比作东晋的王导、谢安，唐代的裴度、李德裕，这些都是大有作为的历史名臣，表明辛弃疾对韩元吉的尊重和推崇。

1187年，辛弃疾最后一次为韩元吉作词祝寿，不久，韩元吉去世。

汤邦彦是辛弃疾来往密切的又一位文人官绅。

汤邦彦字朝美，镇江人。汤邦彦好议论，有辩才，所以孝宗让他做了司谏，负责向皇上提出意见，批评规谏。因他能说会道，叶衡派其出使金国，他认为叶衡蓄意排挤自己，于是向皇帝进谗言，致使叶衡被罢相。汤邦彦出使金国时，有辱使命，孝宗又察觉到他构陷叶衡，因此将他流放岭南。后皇恩体恤，允许他定居信州，由是同辛弃疾相识。

汤邦彦被免官流放，实是罪有应得，跟辛弃疾退隐不能相提并论。但汤邦彦一向以为人直率、敢于直谏著称，这一点同辛弃疾十分相像。辛弃疾惺惺相惜，为他写词。

水调歌头

　　白日射金阙，虎豹九关开。见君谏疏频上，谈论挽天回。千古忠肝义胆，万里蛮烟瘴雨，往事莫惊猜。政恐不免耳，消息日边来。

　　笑吾庐，门掩草，径封苔。未应两手无用，要把蟹螯杯。说剑论诗余事，醉舞狂歌欲倒，老子颇堪哀。白发宁有种，一一醒时栽。

汤邦彦也作《水调歌头》和辛弃疾词，辛弃疾再作词和之。

"金阙""虎豹九关"，都是指皇宫。上阕写汤邦彦敢于直谏，挽回皇帝的许多过失，这是他的政绩。虽然被贬到万里蛮烟瘴雨的边地，但不要惊慌猜疑，不久，一定会被起用。

下阕抒发自己的不如意。"门掩草,径封苔",一副冷落景象,其言外之意,是君王见弃,无人问津,这一点上,自己与汤邦彦不能相比。自己拿过剑、写过诗的双手,只能一手持蟹螯,一手端酒杯,醉舞狂歌、虚掷年华。

词人借友人写自己,悲愤不平之意,涌出笔端。

从辛弃疾写给友人的词看,他虽隐居赋闲,但一直没有忘记复国梦想,始终渴望着能够东山再起。

不久,汤邦彦告别信州,要回故乡金坛。辛弃疾既有离别的惆怅,又羡慕朋友能够回到故乡,而自己的故乡还被金人占领,有家难回,不仅心生戚戚,"春正好、故园桃李,待君花发。儿女灯前和泪拜,鸡豚社里归时节。"这故土情怀、烟火味道与其说是写给汤邦彦的,不如说是在抒发自己对故土的怀念之情。

汤邦彦走了,不久,又传来恩人叶衡去世的消息,令辛弃疾伤感失落。这天,他坐在雪楼之上,看窗外湖水潋滟,杨柳如盖,远处灵山含翠,郁郁葱葱,想起山河大好,而自己只能蜗居一隅之地,误了青春,负了韶光,不禁又感叹起"阑干拍遍,无人会,登临意"。

这时,家人来报,有客来访。辛弃疾以为是陈德明几位老友,正要请进,家人递过一张手书的大红名刺。辛弃疾接过一看，却是新任知州郑汝谐。

辛弃疾并不认识郑汝谐，二人也无交集。辛弃疾只知道此人字舜举，号东谷居士，曾任两浙转运判官、江西转运副使、大理寺少卿、礼部侍郎，颇有政声。此人比自己还要大上十几岁，又是信州长官，如此谦恭来访，辛弃疾暗自惊讶。

连忙迎接，二人一见面就互表倾慕，攀谈起来。

原来，辛弃疾是坚定的主战派，为人耿直率真，做事果断坚毅，受人推崇，虽然被罢官，但俨然成为主战人士的精神领袖。郑汝谐素慕其名，因此一到信州任上，就前来拜访。

二人立场相同，性情相投，一见如故，遂结为至交。

郑汝谐也是非常有个性之人，性喜山水。他只身到信州为官，未带家眷。信州官衙在城内，他却将自己的住处安置在城南一座小山——富佳山的山顶，并为这座石头宅子取名"蔗庵"，甘蔗味甜，郑汝谐取其美好之意。有了这座小石屋，他有事到府衙办公，无事就在蔗庵修身养性。

郑汝谐拜访不久，辛弃疾到蔗庵回访。

山路崎岖险要，都是羊肠小道。辛弃疾轻装简履，随手折一截树枝作为拐杖，丝毫没有感觉到道路的艰险。走至山腰，回头一看，来路弯弯曲曲，从山脚蜿蜒而上，如蛇行。辛弃疾精神更足，随口吟道："万事到白发，日月几西东。羊肠九折岐路，我老惯经从。"别以为我老了，这点山路，怎能难得倒我！

又转过一个山头，果然柳暗花明，别有人家。这里小桥流水，鸡鸣炊烟，生活祥和，岁月静好，犹如世外桃源。辛弃疾有感而发："竹树前溪风月，鸡酒东家父老，一笑偶相逢。此乐竟谁觉，天外有冥鸿。"

郑汝谐，就居住在这孤村峻岭之中。

郑汝谐把辛弃疾当作贵客，也当作知己。这里没有歌舞弦乐，却有腊肉米酒。二人饮酒、观景、谈天说地，欣赏蔗庵的书画藏品，不亦乐乎。

辛弃疾走南闯北，交友广泛，朋友很多。他跟郑汝谐素昧平生，却感到这位朋友大为不同。郑汝谐爱作画藏画，辛弃疾把他比作东晋的杰出画家顾恺之。顾恺之小字虎头，有"三绝"之称，即画绝、文绝和痴绝。辛弃疾称赞郑汝谐"真有虎头风"。

酒喝到七八分，辛弃疾抬头看见蔗庵的一间内阁，题写"卮言"二字，好奇地问："这'卮'本是酒器，《庄子》以卮言为曼衍。卮言自然随意，漫无边际，没有主见，难道舜举兄好卮言吗？"郑汝谐说："我写的文章诗词，率性而为，没有章法，所以将书屋取名卮言。"辛弃疾摆着手打断郑汝谐的话，说："不然，不然。舜举兄过谦，你的文章，立意高远；你的人品，爱憎分明；你的政见，从不妥协。卮言之人，不讲是非，曲意逢迎，绝非老兄作为。这匾额不妥。待我作一首词，讲这卮言的危害。"

"卮言"在古代本是谦辞，但辛弃疾最讨厌毫无廉耻的势利小人，竟以"卮言"发端，趁着酒劲，写了一首绝妙讽刺词。这首词在他的著述中，甚至在整个词史上，都绝无仅有。

千年调

卮酒向人时，和气先倾倒。最要然然可可，万事称好。滑稽坐上，更对鸱夷笑。寒与热，总随人，甘国老。

少年使酒，出口人嫌拗。此个和合道理，近日方晓。学人言语，未会十分巧。看他们，得人怜，秦吉了。

词人先借卮酒的形象，揭示卮言丑态：一团和气，低眉折腰，唯唯诺诺，没有主见，不管别人说什么，一律答"然""可""好"。

接着词人由势利小人想到三种物件：一曰滑稽，是一种流酒器,酒从中流过,但不盛酒;一曰鸱夷,皮制的装酒口袋,伸缩自由;一曰甘国老,草药,能调和众药,医治多种疾病,又名甘草。这三种物件,或失去自我,或随物赋形,或折中调和,都跟"卮言"异曲同工。

下片写少年使酒,不会曲意奉承,说出的话不中听,后来阅历丰富了,才明白"卮言"的道理,但怎么也学不精巧。词人用冷眼旁观的口吻说:看那些势利小人,怎样像"秦吉了"一样受人宠爱。秦吉了是一种鸟,学名鹩哥,叫声嘹亮动听,能模仿人说话。李白诗:"安得秦吉了,为人道寸心。"

词章诙谐调侃,对卮言小人极尽挖苦之能事。郑汝谐知道辛弃疾是在影射朝中一些随波逐流的大臣,虽借自己的书房说事,也不恼怒,相反感到十分快意。

就这样,两位狷介耿直之人,结为莫逆之交。

几年后,郑汝谐离任,辛弃疾既替朋友高兴,又为自己伤感,置酒写词为他送行,唱道:"莫向蔗庵追语笑,只今松竹无颜色。问人间,谁管别离愁,杯中物。"

官场如江湖,身不由己,看惯聚合分离、毁誉起伏,唯有山水无恨,暂存热血激情。

知音

> 我们的灵魂一直在路上流浪,在寻找可以听得懂心灵歌唱的那个人,那个给我们灵魂支持的旅伴。
>
> ——题记

春秋时楚国人俞伯牙善弹七弦琴,希望遇到一位可以交流的音乐人。周围的人忙于农桑,没有人静下心听他弹奏,也没有人听懂他的琴音,为此俞伯牙苦恼不已。一天,他在空谷弹奏,只有鸟儿不忍他的孤寂,在四周盘旋,为他和鸣。这时,一名叫钟子期的樵夫经过,停下脚步,驻足倾听。俞伯牙弹完一曲,钟子期朗声道:"善哉,巍巍乎志在高山！"俞伯牙暗自吃了一惊，又不动声色地转变曲调，继续弹奏。钟子期马上说："这琴声转而清澈婉转，洋洋乎志在流水。"俞伯牙心中想什么，钟子期总能从音乐中听出来。俞伯牙大为感动，相逢恨晚，和钟子期结为知己。

这就是高山流水遇知音的故事。我的音乐为你而弹奏，因为你懂。

即使在带湖，辛弃疾仍有许多诗词唱和的朋友，这些朋友，虽然属于主战阵营，但大都赋闲别居，抗金复国的热忱也逐渐消磨。

而辛弃疾，心中的火焰却一刻也没有熄灭。

他需要一个知己，就像俞伯牙在等待钟子期。

陈亮，就是他的钟子期。

陈亮字同甫，又写作同父，号龙川，婺州永康人。陈亮出生于1143年，比辛弃疾小三岁。他很小的时候，就显示出了文学才华，下笔千言，倚马可待。陈亮喜读兵书，与人谈论起兵法时滔滔不绝。在这两方面，都同辛弃疾很相近。

陈亮十八岁时，就写出《酌古论》一书，品评历史人物。当时永康归婺州管辖，婺州知州周葵看到这本书，非常赏识他。后来周葵到朝中做了参知政事，聘请陈亮做幕宾，每每有重要的客人，都要把陈亮引荐给他们。

陈亮是一位敢作敢为、快意恩仇、雷厉风行之人。如果没有读过他的诗词文章，你会以为他是一位性格简单的赳赳武夫，或者莽撞行事的愣头青。隆兴和议签订后，全国上下都松了一口气，以为这样可以永享太平了。陈亮却不以为然，他只是一介布衣，却不顾地位低下，直接向皇帝连上五道奏章，反对和议，这就是著名的《中兴五论》。皇帝将他的奏章束之高阁，他不屈不挠，三十六岁时再次上疏，批判朝廷苟安江南的国策以及空谈误国的不良风气。这一奏疏，引起孝宗皇帝的重视，诏令陈亮上殿召对，以酌情任用。不料，陈亮让所有人都大跌眼镜，他居然拒绝了皇帝诏令！孝宗皇帝几次三番派大臣去考察他，想破格任用他，但陈亮都不买账，说："我上疏是为了国家复兴，不是为了当官。"然后拂袖而去，回到了家乡，大有李白"事了拂衣去，深藏身与名"的气度。

违逆圣意，乃大罪。刑部很快将陈亮缉拿归案，并施以酷刑。好在孝宗不是昏君，特意下诏释放了他。

祸不单行，陈亮刚被释放不久，他的家童杀人，仇家控告家童乃受主人指使，陈亮再入狱中。这一次，多亏丞相王淮及辛弃疾营救，他才得以出狱。

两次下狱，并没有消磨陈亮的意志。1188年，他亲自到建康、京口观察地形，并且再次上疏，建议孝宗"以太子监军，驻节建康，以示锐意恢复"。陈亮屡次上书言事，激怒了主和派，他被迫离开政治中心，到京城之外寻找志同道合的人。

陈亮做周葵幕宾时，周葵有意栽培他，给他讲授《中庸》《大学》，在思想上给陈亮以启蒙。后来陈亮两次考科举，都没有中进士，他愤而弃之，说："亮闻古人之于文也，犹其为仕也，仕将以行其道也，文将以载其道也，道不在我，则虽仕何为？"文以载道，仕以行道，从政不如作文，于是不再谋求仕途，把主要精力放在研究学问上了。

中国传统儒学，属于社会学，对人性关注不足。隋唐之后，道教、佛教兴起，对儒教形成挑战。北宋的儒学家们，借鉴道、佛两派学说，对儒学进行改造，形成新儒学。新儒学分为若干门派，如程颢程颐的理学、张载的关学、王安石的新学等。这些新儒学，尽管主张各异，但大都关注自身，关注心灵，关注物理、人性、天命。

除此之外，宋朝还掀起了王霸义利之辨，即封建统治应该以"义"为先，实行王道，还是以"利"为先，实行霸道。王霸义利之辨的代表，正是理学家朱熹和陈亮。陈亮认为王道之治需要通过霸道之业来实现，王霸并用，义要体现在利上，义利双行。

陈亮这样的主张，与他抗金复国的观点是密不可分的。

但从王道来看，只要实施仁政，争取民心，不必有施政上的具体目标，这是主张通过军事手段收复中原的陈亮不能接受的。

虽然观点相左，但不影响二人做朋友。陈亮曾经专程拜访朱熹，二人探讨学问十多天，以后交往频繁。

陈亮同辛弃疾也是老相识。1178年，辛弃疾在朝中做大理寺少卿，当时陈亮正在临安第二次上书，经秘书省秘书郎、儒学家吕祖谦介绍，二人认识。因为都是主战派，很多主张接近，所以二人极为投缘。不过，之后二人天各一方，飘摇不定，中断了联系。

1186年，陈亮上书激怒反对派，离开京师，回到家乡。辛弃疾听到这个消息，深为陈亮的壮举所感动。辛弃疾感佩、兴奋之余，写成一首《破阵子》，托人送予陈亮，表示对他的声援和鼓励。

破阵子

醉里挑灯看剑，梦回吹角连营。八百里分麾下炙，五十弦翻塞外声。沙场点秋兵。

马作的卢飞快，弓如霹雳弦惊。了却君王天下事，赢得生前身后名。可怜白发生。

这是辛弃疾最为著名的词章之一,借哀同甫以自哀,是他抗金复国的政治宣言。

起首着一"醉"字。

辛弃疾的"醉",是酒醉。辛弃疾爱喝酒,曾自比刘伶,还屡次三番向夫人发誓戒酒,但一次都没有践诺。他曾"为公饮,须一日,三百杯",也曾经"我饮不须劝,正怕酒尊空",以至于"三万六千排日醉"。

辛弃疾的"醉",又是精神之醉、意志之醉,醉得无可奈何,醉得力不从心。这醉,是对峥嵘岁月的深切怀念,是对壮志难酬的痛苦挣扎,是对岁月蹉跎的无奈感伤,是对报国无门的无声控诉。

接着有一"剑"字。这剑,是杀敌利器,是抗金倚助;这剑,寄托着词人的家国梦想,闪耀着词人的壮志情怀。

"男儿慷慨平生事,时复挑灯把剑看。"挑灯,是为了将这剑看得更清楚真切。寒剑微光,仿佛沉睡许久的梦,因为陈亮而重新唤醒;仿佛尘封多年的门,因为陈亮而重新开启。

再下便是一"梦"字。"梦回"指梦里遇见。吹角连营指军旅生活。是对二十六年前义军杀敌的回忆,还是对带兵收复中原的想象?这样的场景,多少次出现在梦中,成为闲散生活中温暖的抚慰。

下面接着记述豪迈激昂的军旅生活场景。

民间用"大块吃肉、大碗喝酒"表示豪情,"八百里分麾下炙"有异曲同工之效。

《世说新语》记载,西晋王恺有一头牛,名叫"八百里驳",牛蹄牛角常用萤石装饰。王济对他说:"我射箭技术不如你,今天跟你打个赌,以千万钱来赌你这头牛。"王恺以为自己必胜,就同意了,让王济先射。王济一箭射中靶心,退下了坐在椅子上,命令左右把牛心取来。片刻,牛心烤熟送来,王济吃了一块便走。

后世便用八百里驳的典故指代气概豪迈。韩愈有诗句"万牛脔炙,万瓮行酒",苏轼也有"要当啖公八百里,豪气一洗儒生酸"的诗句。

五十弦一般是瑟的代称,李商隐《无题》诗:"锦瑟无端五十弦,一弦一柱思华年。"表现的是一种凄美的心绪。在这里,词人用五十弦代指很多种乐器。用这些乐器演奏边塞之声,或急促,或激越,或沉郁,或高亢,表现出激昂雄壮的军旅氛围。塞外声是出征的军歌,是鼓舞士气的战斗乐曲。军容整肃,军歌嘹亮,只等一声令下,整装待发,奔赴前线。

如果说"八百里分麾下炙"表现豪迈,"五十弦翻塞外声"表现激昂,"沙场秋点兵"表现的则是阔大。军营里演奏着激昂的军乐，士兵们大块吃着牛肉，接着该点兵训练或者战斗了。秋天，天高云淡，碧空万里，更显得山河寥廓。这种季节和场景，与沙场的风格无比契合。

"沙场秋点兵"大气磅礴，"马作的卢飞快，弓如霹雳弦惊"则豪情激越，镜头一下子拉到了战场。的卢为名马，三国刘备的坐骑叫的卢。刘备被追杀，的卢从溪水泥淖中一跃三丈，刘备得救。的卢以快著称。战场上，以快打慢，快一分胜算就多一分。当年关羽斩颜良、文丑，靠的就是以快打慢，颜良、文丑还没有反应过来，关羽的马已经到了眼前。慌忙之中，没来得及出招，就做了刀下冤魂。霹雳是弓箭弦发时发出的响声。弓箭，讲究的是劲大势猛，恰如霹雳，令敌人魂飞魄散。这两句，将镜头对准战场上特定的人，即将军。将军勇敢威猛，武艺高强，是词人心目中的英雄，也是词人想象中的自己。

靖康之耻是国家之耻、民族之耻，在当时人们的思想意识中，君主代表国家和民族，所以抗金复国，具体来讲，就是报效君王。"了却君王天下事"是作为臣子的最高愿望和最大抱负。在为国分忧中建功立业，自己也"赢得生前身后名"，获得青史留名的机会。

《左传》中说："太上有立德，其次有立功，其次有立言，虽久不废，此之谓不朽。"此后，立德、立功、立言，成为士大夫毕生追求的事业。"三不朽"中,立德境界最高,也最难实现,只有圣人能够做到。对于一般知识分子来说,退而求其次,都想在立功上有所作为,而立功的标志,就是"了却君王天下事",这样方能"赢得生前身后名",死而不朽,流芳百世。

"大丈夫当学卫青、霍去病,立功沙漠,长驱数十万众,纵横天下,何能作博士耶?"从古至今,驰骋沙场、致君尧舜、建功立业几乎是所有文人的理想。屈原"不抚壮而弃秽兮,何不改乎此度?乘骐骥以驰骋兮,来吾道夫先路",曹植"长驱蹈匈奴,左顾陵鲜卑。弃身锋刃端,性命安可怀",孟浩然"俱怀鸿鹄志,共有鹡鸰心",李白"暂因苍生起,谈笑安黎元",杜甫"致君尧舜上,再使风俗淳",李贺"男儿何不带吴钩",这些都是文人的心声。但他们最后,大多都抱负未展,功业未成,而以诗文名扬天下,以立言不朽于人世。

辛弃疾平剿匪患,抚恤灾民,革弊建制,政绩卓越,不能算没有"立功",但他心目中的功业,并不是这些,或者不仅仅是这些。

"可怜白发生",机会已经不多,"了却君王天下事,赢得生前身后名"的宏愿只能在"醉"里幻想,梦中实现,这正是人生的悲剧所在。

慷慨激越，最后归于无比伤感，无限惆怅。如音乐，高亢之音转而低回沉寂，巨大的反差带来的艺术感染力，让人回味无穷。

这首《破阵子》送到陈亮处，深得陈亮共鸣。陈亮就像一只狼，在京城被撕咬得遍体鳞伤。他正在家乡舔舐自己的伤口，回味撕心裂肺的痛楚，辛弃疾的《破阵子》像一剂方药，重新激荡起他不可遏制的斗志和勇往直前的决心。他从词中读出鼓舞，从辛弃疾的手稿里找到了知音。

陈亮素来雷厉风行、我行我素，加上无官一身轻，闲云野鹤，了无牵挂，于是说走就走，也不先行预约，直接前来江西拜访辛弃疾。

鹅湖

> 友情是两个互不相识的人的神交,是两位熟识的人的彼此相知,是一次慷慨的赠予,是一段"老去凭谁说"的倾诉。
>
> ——题记

1185年,辛弃疾四处游玩时发现一绝好去处,那便是上饶西南铅山县东二十五里的期思渡村。村外有一处泉水,泉水从半山中奔涌而下,被石头围在一臼中,更妙的是,这臼有一出口,泉水又从这出口流出。因为其状若瓢,辛弃疾将之命名为"瓢泉"。其实瓢泉很小,辛弃疾之所以关注瓢泉,并取这样的名字,深层意思是,孔子曾赞赏弟子颜回:"一箪食,一瓢饮,在陋巷,人不堪其忧,回也不改其乐,贤哉回也!"辛弃疾常以颜回自比,格外钟情这一"瓢饮"。

这泓泉,原归一周姓人家所有。因为喜欢,辛弃疾就将瓢泉连同附近的几间房子买了下来,时而兴之所至,从带湖来这里小住几日,感受比带湖更深的幽静。

1188年,时序已是腊月,格外寒冷。常年,铅山的冬季湿润微寒,河不结冰,风不刺骨。这一年不比以往,江河止流,禽鸟恋窝,中等人家都围着火炉,温起热酒,足不出户。

这年冬天,辛弃疾住在瓢泉,蜗居陋室,以浊酒取暖。不想,下起了鹅毛大雪,连在北方长大的辛弃疾也挺不住了。加上新居冷清,没过几天,他竟然发起高烧,在范氏的精心护理下,将近旬日,高烧才退,身子仍然懒洋洋的,不想动弹。

这天,他勉强打起精神,温一壶浊酒,边喝边暖暖身子,更重要的是想欣赏一下信州难得的雪景。他小酒微醺,来到窗前,看室外阴沉着天,路上余雪未消,不远处的水面上杨柳尽枯,水波不显。嘴里嘟囔:"这铅山竟有比济南更寒冷的天气,累日雨雪,天寒地冻,四野无人呀!"这样想着,心思又回到了遥远的少年时光。

忽然，辛弃疾看到不远处，一人一骑在寒风中蹒跚而行。那马，瘦骨嶙峋，肉少毛长，好像从来没有吃饱过似的，走得十分缓慢。辛弃疾正纳闷这寒风刺骨，雨雪泥泞，是何方游子风雪归程。但见那人走到桥头，大约是水上的寒气将马逼得倒退几步，任其主人再三拍打，马儿就是挣扎着再也不肯前行。人马僵持几个回合，只见人从马上跃下，抽出宝剑向马颈砍去。顿时，马血喷涌而出，地上一片殷红。

辛弃疾心中大惊，何人性情如此刚烈？想看仔细，但距离太远，只见来人身形，看不清其面容。

于是他赶忙下楼，要会一会这位英雄。

走到近处，那人方拭干宝剑，正欲前行。抬头一看，双方都各自一愣，原来来人正是陈亮陈同甫。

就这样，分别十年之后，陈亮辛弃疾在瓢泉再次相会。

辛弃疾一下子忘记病痛，赶忙将陈亮请到家中，喜不自胜。

当晚，二人对雪煮酒，谈笑晏晏，陈亮身上铁血男儿的澎湃热情让辛弃疾似乎回到了"旌旗拥万夫"的青春岁月。深夜，二人谈兴仍旺，意犹未尽之下，陈亮拔剑起舞，辛弃疾击节高歌。时至半夜，二人仍兴奋得不能自已。

最终，肝胆相照的二人抵足而眠，形同兄弟。

两人都是主战派,政治观点相近,看不起朝中那些蝇营狗苟、文恬武嬉之辈,都主张抗金复国。但在具体复国方略上,两人又不尽相同。于是,二人时而同仇敌忾,时而据理力争,讨论十分热烈。

陈亮主张建都建康,强烈反对把临安作为都城。他认为临安偏僻,不足以号召全国。况且临安地势低洼,一旦掘开西湖之水,全城马上成为泽国。反观建康,地势险要,居高临下,与京口互为依仗,直面大江,极目千里,一旦剑锋北指,如猛虎出穴。而且,建都建康,还可常常北望中原,常怀愤惕。

辛弃疾也主张迁都建康,但他更看重的是其象征意义,并不认为这在军事上有多少实际价值。

在具体北伐路线上,陈亮主张东西两线并进。他认为金人防御宋军,重点一定在京洛之地,山东防御比较薄弱。宋军可从两淮出兵,占领山东,与荆襄之军合围京洛。他特别看重荆襄,指出荆襄东连吴会,西连巴蜀,南极湖湘,北控关洛,提出以荆襄为防守枢纽和反攻基地。

辛弃疾在《美芹十论》中把自己的军事地理观点阐述得很清楚,那就是经营两淮,控制山东,然后掐断金国与中原、关中的联系,直取燕京。

当时没有沙盘推演,历史也没有按照他们的规划发展,所以二人观点孰优孰劣，实在难以判断。其实，作战线路固然重要，但不是决定性因素。民心向背、国力支撑、朝野认同、军队训练水平、将领指挥艺术、士兵作战决心与斗志，才是决定战争走向的决定性因素。

朝廷更高层面的军事决策，辛、陈二人更是无法直接参与，所以二人只能纸上谈兵。不能不说，这是二人的悲哀。

瓢泉之北，有一山从福建境内蜿蜒而来，绵延百余里。其主峰名叫鹅湖山，在铅山最负盛名。其山奇峰壁立、谷幽涧深、流泉飞瀑、林木蓊郁，是理想的游览玩赏之地。

鹅湖山因东晋一位龚姓名士在这里养鹅而得名，它位于福建、江西、浙江三路要冲，地理位置优越。唐大历中，大义禅师来此开山植锡，在山脚下建立禅院，定名鹅湖寺，唐德宗亲自题写匾额，鹅湖山一时声名远播。南宋淳熙年间，吕祖谦邀请朱熹、陆九龄、陆九渊在鹅湖寺进行哲学交流，史称"鹅湖之会"。

鹅湖久负盛名，离瓢泉仅有二十余里，朱熹、吕祖谦、陆九龄兄弟与辛弃疾、陈亮都是同时代人，且大多有交集，鹅湖山不可不游。

辛弃疾带着病，冒着风雪严寒领陈亮游鹅湖山，遍访先贤及好友足迹。

当时朱熹住在崇安,与铅山相邻,陈亮邀约朱熹一起前来。他和辛弃疾从鹅湖山回来,向南到紫溪等候朱熹。不料朱熹久候不至。

陈亮一晃在铅山盘桓了十天,又没有等到朱熹,遂告别辛弃疾,飘然东归。第二天,辛弃疾意犹未尽,竟起身追赶陈亮,想再多留他几日。他追到泸溪河畔鸬鹚林,天公不作美,又下起了纷纷扬扬的大雪。不一会,雪深泥滑,难以前行。

只好作罢。

辛弃疾和陈亮都像执着的疯子,又像任性的孩子,为一份友情,任凭一时冲动,全然放下文人的矜持和谨严,说走就走。

鸬鹚林是驿道途经之地,附近有个村庄,叫方村。辛弃疾心情郁闷,怅然若失,在方村一家酒馆对雪独饮。晚上,他投宿在吴氏泉湖四望楼,听到不远处有笛声传来,其音悲凉,更增添了烦闷的心绪,情不能自已,写下一首《贺新郎》。

贺新郎

把酒长亭说。看渊明、风流酷似,卧龙诸葛。

何处飞来林间鹊,蹙踏松梢残雪。要破帽多添华发。剩水残山无态度,被疏梅料理成风月。两三雁,也萧瑟。

　　佳人重约还轻别。怅清江、天寒不渡,水深冰合。路断车轮生四角,此地行人销骨。问谁使、君来愁绝?铸就而今相思错,料当初、费尽人间铁。长夜笛,莫吹裂。

　　当年陈亮已四十五岁,还是布衣,没有出来做官,所以辛弃疾把陈亮比作隐居田园的陶渊明和躬耕南阳的诸葛亮。

　　词中回忆他跟陈亮在一起的日子,两人漫步林间,边走边聊,不防树上一只喜鹊把松梢上的积雪踢落下来,落到两人的破帽上,好像凭空增添了许多白发。喜鹊、落雪为意象,为两人的友谊增添了情趣和愉悦。

　　词人以景起兴,一语双关。冬天的山水索然无味,一株疏梅点缀其中,倒成了景致。几只南回的大雁继续南飞,触目一片萧瑟。

　　剩水残山,指南宋半壁江山,也指词人自己的风烛残年。一株疏梅,是抗金复国的坚定信念,是词人与陈亮这样的仁人志士,也是陈亮唤醒词人的高昂斗志。它们,是料峭寒冬里唯一的风景与希望。

古人经常用佳人指男性中杰出俊朗之人，这里辛弃疾也把陈亮比作佳人。二人别后，道路艰险，致使难以再见，徒增愁怨。

君来愁绝，相思是错，可这相思，是费尽人间钢铁铸就而成，坚如磐石！

这首词是因笛声悲切而起，所以词人最后将所有的怨恨也发泄到笛子上，但愿这笛子，不要因悲情被吹裂了。

这首词追忆友情，寄托相思，评论时政，抒发怨懑，情绪跌宕昭彰，写法勃郁动荡，确实具有非凡的感染力。

剩水残山无态度，被疏梅料理成风月。萧瑟之中的一点颜色，仿佛眼前景，不尽笔中意，以鲜明的景致抒发不豫的情怀，寄托政治理想和人生目标，言少意深，确属佳句。

陈亮去后五六天，托人捎话，索要词章。辛弃疾正好把这首《贺新郎》送给他。

辛弃疾的词，撩拨起陈亮的心思，他马上和了一首，表达"但莫使伯牙弦绝"的知音之惜。

辛弃疾意犹未尽，再和一首《贺新郎》。

贺新郎

老大那堪说。似而今、元龙臭味，孟公瓜葛。

我病君来高歌饮，惊散楼头飞雪。笑富贵千钧如发。硬语盘空谁来听?记当时、只有西窗月。重进酒,换鸣瑟。

事无两样人心别。问渠侬:神州毕竟,几番离合?汗血盐车无人顾,千里空收骏骨。正目断关河路绝。我最怜君中宵舞,道"男儿到死心如铁"。看试手,补天裂。

这首词气势豪迈,激励着人们建功立业、舍身为国,后人在他们相会的地方刻上斗大的"补天裂"三字,表达不屑于蝇营狗苟的壮志。

陈亮回乡不久,遭人诬告,第三次入狱,这次,多亏辛弃疾委托时任大理寺少卿的郑汝谐极力周旋,才得以幸免。

宋光宗绍熙四年(1193年),以布衣的身份与主和派斗了大半生的陈亮终于筋疲力尽,决定换一种方式进行更有效的斗争。这一年,他参加科举,结果高中状元。正欲大展宏图之时,不幸于次年病逝,终年五十二岁。

辛弃疾闻讯,悲痛欲绝,执笔为陈亮写了一篇祭文,其中回忆他们的瓢泉之会与深厚的友谊:"而今而后,欲与同父憩鹅湖之清阴,酌瓢泉而共饮,长歌相答,极论世事,可复得耶!"

弦断,更有谁听。

帝师

> 人生最大的欣慰莫过于,能够与你景仰的人同时生活在这个世界上,并且相识、相知、相惜。
>
> ——题记

辛弃疾、陈亮的目标是"了却君王天下事",北取中原,平定天下,以"立功"赢得生前身后名。与二人爽约的朱熹却不然,他有更高的目标,就是以"立德"名垂青史。所谓立德,就是制定和树立道德标准,做圣人。

中国以儒家立国,宋之前的儒家观点是,春秋之后能够称得上圣人的,孔丘、孟轲二人而已,因为他们确立和发展了儒家学说,并使之成为社会主流道德标准。

魏晋之后，儒家学说受到前所未有的挑战。佛教传入、道教创立，并且发展迅速，大有挑战儒学之势。中国文化的先进性在于，并不因为这些外来学说盛行而扼杀之，而是查找自身之不足，加以改进。所以，宋代掀起改良儒学之风气，影响最大的有"理学"和"心学"，朱熹是理学的代表人物。

理学属哲学，复杂、抽象、玄妙，是门大功课，不是三言两语能够讲清楚的，朱熹也是用了一辈子才研究出那么点心得。粗浅一点讲，所谓"理"，就是一切规律、秩序和规范。而世间万物叫"气"。朱熹认为，先有"理"后有"气"，"气"生成于"理"，遵从于"理"，归结于"理"。

朱熹之后，理学成为儒学正宗，元、明、清三代成为官方哲学和执政的指导思想。朱熹终于完成了"立德"的愿望，成为孔子、孟子之后的又一位圣人。

朱熹对儒学经典著作《论语》《大学》《中庸》《孟子》等进行校正、注释，被官方奉为权威的"教科书"，现在看来，其中谬误不少，只能作为一家之言。

辛弃疾、陈亮前往鹅湖游览，特邀朱熹。陈亮与朱熹哲学观点针锋相对，但私交很好，都敬佩对方的为人。陈亮称辛弃疾为"文中之虎"，对朱熹的评价更高，称他"人中之龙"，朱熹每年生日，陈亮都不忘给他送上一份生日礼物。

然而朱熹并未前来,害得辛、陈二人在紫溪空等一场。朱熹为什么不赴约呢?后来,朱熹终觉不妥,给陈亮去了两封信解释。他说:自己快要六十岁的人了,整天寻章摘句,诵读经典,身体吃不消,需要调理。最近种了几畦杞菊,如果出门,就不能吃上杞菊了,这可不是小事。他说陈亮你不要撺掇了,让我在山里咬菜根,与人无相干涉,了却几卷残书,安心写几本书吧。

说穿了,他想在家里读书研究理学,不想参加他们讨论抗金复国的聚会了。

朱熹说得云淡风轻,似乎不合情理。抗金复国乃大计,肯定非几畦杞菊可比。人生苦短,抓紧学习无可厚非,但也不能罔顾朋友感情。不过,站在朱熹的立场上想一想,又似乎情有可原。

1175年,主张"理学"的朱熹与主张"心学"的陆九渊、陆九龄兄弟,在鹅湖进行一次大辩论,辩论的结果是谁也说服不了谁,不欢而散。对于朱熹这样惜时如金的人来说,这样的辩论确实浪费时间。

另外,朱熹与辛弃疾、陈亮的政治、军事观点已渐行渐远。陈亮邀约朱熹,是为了讨论抗金复国的具体战略,而朱熹认为眼下谈论复国为时尚早,自然没有讨论的必要。

其实，朱熹也属于主战派，年轻时还相当激进。不过，研究理学之后，朱熹的政治观点发生了很大变化。他认为，治理天下，需要格物致知，研究规律和道理，懂得治天下的道理后，自然意诚心正，这样才能让国家富强，敌邦臣服。同探索治国富民的规律相比，抗金复国只是微不足道的小事。

朱熹站在更高的层面去认识宋、金两国的关系，超越了简单的恩怨情仇。战胜对手最好的方法，是让自己变得更为优秀，我们今天经常引用的人生哲理，与朱熹的想法如出一辙。

从这个意义上看，朱熹确实有做圣人的资本。

因为观点相左，朱熹不愿意无谓地浪费时间，所以缺席了第二次鹅湖之会。

但这并不意味着他与辛弃疾今生擦肩而过。

其实，二人也是旧相识，他们中间确有过不愉快的经历。

1181 年，辛弃疾在江西安抚使任上，当时朱熹知南康军。一次，朱熹截获一艘走私商船，裹得严严实实，打开一看，里面运的都是牛皮。牛皮可以制军械，属禁运物资，朱熹遂查扣了该船。原来这船的主人是辛弃疾，他赶忙向朱熹讲情，说是军中所用。朱熹感到蹊跷，最终还是没有归还。

虽然有段尴尬的小插曲，但二人都是响当当的风云人物，都立身忠义，同属主战人士，虽无深交，关系尚可。辛弃疾被罢官时，朱熹为他愤愤不平，对弟子说："辛幼安亦是个人才，岂有使不得之理？！"

辛弃疾带湖新居落成时，颇具规模，朱熹曾专程参观。1182年，朱熹在提举浙东常平茶盐公事任上因故被解职回家，路过上饶，拜访韩元吉。韩元吉约徐安国一起陪同，辛弃疾听说消息，也欣然前往，四人携手载酒具肴，同游信江南岸的南岩，气氛十分融洽。

至此，二人关系逐渐亲密，开始来往走动。

1188年，就是陈亮来访前，朱熹因公务路过上饶，顺道拜访辛弃疾。朱熹虽然官职不如辛弃疾，但年龄大、资历老、理论水平高、社会影响大，他直率地指出辛弃疾过于张扬、过于高调、过于刚直的从政方法，是导致他仕途艰蹇的直接原因。

当然，朱熹还是非常赞赏辛弃疾的，随后，他在给朋友的信中说："今日如此人物岂易可得？向使早向里来，有用心处，则其事业俊伟光明，岂但如今所就而已耶？！"

辛弃疾对朱熹的忠告也心服口服。

1191年，辛弃疾被起用，次年到福建任职。辛弃疾特地到建阳拜访朱熹，向他了解福建情况，并讨教从政经验。朱熹赠他三句话："临民以宽，待士以礼，驭吏以严。"此后，由于地利之便，辛弃疾与朱熹往来密切。1193年，他约同陈亮到崇安看望朱熹，三人终于得以相聚，弥补了此前朱熹缺席的遗憾。

朱熹的老乡，一些追名逐利之徒，得知朱熹为辛弃疾至交，找到朱熹，企图托情到辛弃疾处谋取一官半职，被朱熹严词拒绝。朱熹因此得罪乡里亲友，但他一点也不后悔。

辛弃疾再次被罢官，回到铅山瓢泉居住，朱熹闻知，为他题写两幅匾额，上书"克己复礼""夙兴夜寐"。辛弃疾经常回忆起他们在武夷山交游的情形，乘坐竹筏漂流在九曲溪中，山挟水转，水绕山行，船夫引吭高歌，声动山竹。整个武夷山、九曲溪，都是他们友谊的见证。

朱熹有《九曲棹歌》，辛弃疾欣然和之，其中写道：

山中有客帝王师，日日吟诗坐钓矶。费尽烟霞供不足，几时西伯载将归？

超脱、悠闲、高雅，真是一幅隐士高蹈图。
帝王师，表达了辛弃疾对朱熹最由衷的钦佩。

他还认为自尧舜以降，能够与朱熹比肩的，不过二三人而已。朱熹寿辰，他作诗曰："历数唐虞千载下，如公仅有两三人。"

宋宁宗即位后，实行"党禁"，朱熹的理学被定为伪学，甚至有人提出"斩朱熹以绝伪学"的口号，朱熹及弟子受到残酷打压。公元1200年，困顿穷厄的朱熹因病去世。

听到这个消息，辛弃疾非常悲痛。当时他正在家里读《庄子》一书，悲伤不能言，提笔写道：

感皇恩

案上数编书，非庄即老。会说忘言始知道；万言千句，不自能忘堪笑。今朝梅雨霁，青天好。

一壑一丘，轻衫短帽。白发多时故人少。子云何在，应有玄经遗草。江河流日夜，何时了。

虽然读的是《老子》《庄子》，教人看淡世事，但"白发多时故人少"，怎不凄凉？"江河流日夜，何时了"化用了杜甫名句"尔曹身与名俱灭，不废江河万古流"，意思是说，朱子不朽。

朱熹死后，南宋政府严令禁止为他聚会送葬，他的许多门生故旧不敢前去。辛弃疾不避嫌疑，毅然亲自前往凭

吊,并作文哭之曰:

  所不朽者,垂万世名。孰谓公死,凛凛犹生。

有的人死了,他还活着。

第五章

而今识尽愁滋味

- 出山
- 帅闽
- 三山
- 陶令
- 止酒
- 游子

出山

> 每一次远行,都是风雨兼程;每一次出征,都是铁马秋风。
>
> ——题记

宋高宗赵构是中国历史上最长寿的皇帝之一,他五十六岁禅让皇位,禅位于养子赵昚,专心颐养天年。直到公元1187年才去世,终年八十一岁,做太上皇长达二十五年!

因为杀岳飞、用秦桧,签署屈辱的"绍兴和议",宋高宗被贴上"主和""投降"标签。宋孝宗因为主导"隆兴北伐",一直被认为有强烈的复国意愿。因此,宋高宗刚一过世,朝野便蠢蠢欲动,意图掀起抗金复国新高潮。

然而他们错误地估计了孝宗。一个在位二十五年的皇帝，尖锐的棱角早已被磨平，即使有一颗张扬的心，振飞的翅膀也已退化。孝宗没有理会主战派的热情，而是以为高宗守孝为名，将政事交付太子赵惇，两年后，即公元1189年，他干脆禅位赵惇，自己仿效高宗，做了太上皇。

赵惇即为宋光宗，以1190年为绍熙元年。

光宗是位平庸的皇帝，身体多病，长期受制于内宫李皇后。李皇后亦无政治手段，朝政混乱，缺乏明晰的主导思想和政治纲领。

此时，辛弃疾在上饶已经整整隐居十年，其间被安排了一个荣誉职务，就是主管武夷山冲佑观。这冲佑观为唐玄宗天宝年间所修，是当时全国最重要的道教活动中心之一。宋代以赋闲的官员充当道观主管，为的是发放半职的薪水，解决生活困难。辛弃疾之前，朱熹曾主管过冲佑观；辛弃疾之后，陆游也被充任此职。

1191年冬，在吏部尚书赵汝愚的建议下，朝廷决定起用赋闲十年的辛弃疾，任命他为提点福建路刑狱公事，这一年，辛弃疾五十二岁，次年春天他动身上任。

动身前，他填了一首词，描述当时的心情。

浣溪沙

　　细听春山杜宇啼，一声声是送行诗。朝来白鸟背人飞。

　　对郑子真岩石卧，赴陶元亮菊花期。而今堪诵《北山移》。

　　杜宇就是杜鹃鸟，在诗词中经常用作离别相思的意象。郑子真是西汉时隐士，耕于岩石之下，修道静默。当时的权臣王凤重金聘他出来做官，而郑子真不为利所诱，不为威所屈，不为其所用，受到世人称赞。陶元亮就是陶渊明，东晋隐士。南北朝孔稚珪酷爱山水，他写过一篇《北山移文》，揭露假隐士的虚伪。

　　从这首词看，辛弃疾似乎在自嘲为假隐士，朝廷一召唤，就马上出山了。字里行间充满着对上饶的留恋，对隐逸者的倾慕。

　　辛弃疾在带湖闲居期间，曾豪情满怀地对韩元吉说"待他年，整顿乾坤事了，为先生寿"，希冀汤邦彦"政恐不免耳，消息日边来"，跟陈亮畅谈国事，更是"我最怜君中宵舞，道'男儿到死心如铁'。看试手，补天裂"，写给朱熹的词，也是"几时西伯载将归"，对功业名禄充满向往、渴慕。对于朝廷的起用，他一定踌躇满志。可他偏偏在词中表达对隐居生活的无限眷恋，听起来似乎言不由衷。

年轻人谈论功名，谓之志向。辛弃疾被闲置十年才得以起用，如果表现过于得意，难免显得轻狂，被人质疑功利。所以矫情一下，也在情理之中。况且，闲散惯了的人，确实会产生惰性，对劳碌奔波有着天然的惧怕。

提点刑狱是监察官吏、掌管刑狱的官员。辛弃疾一上任，就到福建各地视察，处理几年来的积案。

汀州曾发生一桩疑案，多年不能侦破，知州感到头痛。辛弃疾巡察到汀州，听到这件事，对知府说："我接触你们这里的官吏，上杭县令鲍粹然是个明白官，善于解决问题。"知州于是委派鲍粹然异地审理此案。鲍粹然亲自明察暗访，仔细解剖疑点，终于使案情真相大白。

长溪县有人鸣冤，辛弃疾派福清县主簿傅大声前去复审。傅大声经过审理，为五十多人洗刷冤情。傅大声只是主簿，地位低下，派他复审已经让长溪县官吏很不满意，现在又打算释放五十多名"罪犯"，更使他们脸上无光，于是不仅拖延不办，而且不再招待傅大声，傅大声在福清县没有饭吃，只好离开。辛弃疾听闻后大怒，亲自到福清县，将这五十多名"罪犯"释放，监牢里一下子只剩下十余人。

辛弃疾洗雪冤案，受到老百姓欢迎，楼钥在《攻媿集》

中评价他"比居外台,谳议从厚,闽人户知之"。意思是辛弃疾做提点刑狱,从宽从厚判决罪犯,这件事在福建家喻户晓。

但因为异地办案审讯,并为大量冤狱翻案,他也得罪了大批官吏。况且辛弃疾"驭吏以严",对下属及地方官吏极其苛刻,福建路一时间"官不聊生",怨声载道,他们把辛弃疾视为"酷吏"。真德秀在《真西山集》中说:辛弃疾"历威严,轻以文法绳下,官吏惴栗,唯恐奉教条,不逮得谴"。意思是,辛弃疾非常威严,动不动就将手下绳之以法,官员们都整日心惊胆战,生怕违反纪律受到追究。

当时福建路安抚使叫林枅,也是位耿直廉政的循吏,但他主张简讼宽赋,二人行政理念不同。他对辛弃疾的做法不以为然,二人心怀芥蒂,彼此不和。

不过这并没有影响辛弃疾的工作,因为1192年九月,林枅就去世了,安抚使一职暂由辛弃疾代理,但不久他也被召回朝廷。

1192年冬腊月,老百姓都在兴高采烈地置办年货,准备过年。辛弃疾突然接到朝廷诏书,限期到临安报到。

此时辛弃疾刚刚上任不足一年,林枅又刚死,辛弃疾惴惴不安,不知道这一去是福是祸。福建籍官员陈端仁原为四川安抚使,后被罢官闲居在家,他置办酒宴为辛弃疾饯行，辛弃疾在宴席上情绪低落，写了一首《水调歌头》，表达失落愤懑心情。

水调歌头

> 长恨复长恨，裁作短歌行。何人为我楚舞，听我楚狂声？余既滋兰九畹，又树蕙之百亩，秋菊更餐英。门外沧浪水，可以濯吾缨。
>
> 一杯酒，问何似，身后名？人间万事，毫发常重泰山轻。悲莫悲生离别，乐莫乐新相识，儿女古今情。富贵非吾事，归与白鸥盟。

这首词颇有《离骚》风味。"长恨复长恨"，词人因何来恨？我已种植九畹兰花，又种植百亩蕙草，还要吃那秋菊的落英。门外沧浪水清清，用它来洗涤我的帽缨。"余既"句出自《离骚》："余既滋兰之九畹兮，又树蕙之百亩""朝饮木兰之坠露兮，夕餐秋菊之落英。""门外"句出自《楚辞·渔父》："沧浪之水清兮，可以濯我缨，沧浪之水浊兮，可以濯我足。"这几句，都昭示自己品德高洁，行为刚正。

然而自己这样的人品，有谁了解呢？何人为我楚舞，听我楚狂声？

这是恨的缘由。

世道就是这样不公！算了，富贵不是我所追求的，还是回到带湖与白鸥作伴吧！

这次重新出仕，辛弃疾动辄表示要重归山林，说明他对自己的前途并无信心，也不看好光宗朝。

上元节刚过，临安城还处在张灯结彩、喜气洋洋的氛围中，正如辛弃疾二十多年前写的那样："东风夜放花千树，更吹落、星如雨。宝马雕车香满路。凤箫声动，玉壶光转，一夜鱼龙舞。"宝马香车还在，但辛弃疾重回临安，心情却格外苍凉。

辛弃疾以主战闻名于朝，这次召对，主题居然还是战事。经历过数次皇帝召见，辛弃疾已不是过去的愣头小伙，他显得不慌乱，不张扬，沉着应对，回答得丝丝入扣。

他这次应对的主题是加强荆襄地区的防务。

他的一贯主张是重视两淮，很少谈及荆襄。与陈亮鹅湖之会，两人为军事地理争论辨析，陈亮竟然说动辛弃疾，让辛弃疾接受了重视荆襄的主张。这次应对，辛弃疾的观点显然深受陈亮影响。

召对之后，辛弃疾把召对内容写成文字，表奏于皇帝，这就是《论荆襄上流为东南重地疏》。

他在札子中论述了重视荆襄的理由：

> 自古南北之分，北兵南下，由两淮而绝江，不败则死；由上流而下江，其事必成。故荆襄上流为东南重地，必然之势也。

辛弃疾这样说，是有历史经验教训的。三国时，魏文帝曹丕、魏明帝曹叡，数次从两淮、合肥进攻东吴，都兵挫受阻。司马昭攻下西蜀后，顺长江而下，最终才占领东南。隋灭陈国，也是在荆襄牵制陈军主力，隋军才趁机从两淮突破进入建康。

后来的事实也证明了这一点，元军正是占领了襄阳，才进而灭掉南宋的。

辛弃疾认为重视荆襄，重要的是加强荆襄守备。他的具体建议是：

> 自江以北，去襄阳诸郡合荆南为一路，置一大帅以居之。使壤地相接，形势不分，首尾相应，专任荆襄之责。
>
> 自江以南，取辰、沅、靖、澧、常德合鄂州为一路，置一大帅以居之，使上属江陵，下连江州，楼舰相望，东西联亘，可前可后，专任鄂渚之责。

按这个建议，重新划分京西南路、荆湖北路区域，选择有能力的人任安抚使，两路相互配合，相互照应，巩固城防。

他还希望光宗"居安虑危，任贤使能。修车马，备器械，使国家有屹然金汤万里之固"。

这里强调了两个问题，一是人的问题，要任贤使能；一是物质问题，要修车马，备器械。做到了这两样，国家自然固若金汤。

宋光宗对辛弃疾的召对比较满意，任命他为太府少卿。太府是国家和宫廷的财政部门，掌管钱财和库藏，少卿是副职。太府少卿与大理寺少卿属同等级别的官员。就这样转了一圈，十几年后，辛弃疾又任少卿，没有提升，但他中间被罢官闲置，能重新回到这样的位子已经不容易了。

辛弃疾刚直威严，可能比较适合做地方官。半年之后，宋廷再次将他外派。他回到福建，知福州，兼福建安抚使。官秩为朝散大夫，高于过去的奉议郎；职名加集英殿修撰，高于过去的"右文殿修撰"。

帅闽

> 无论山林还是钟鼎,有一种遗憾,叫功业难成,有一种纠结,叫欲罢不能。
>
> ——题记

辛弃疾重又回到了帅臣的位子上。

福建情况与江西、湖北不同,福建多山少田,又毗邻大海,可谓穷山恶水,再加上当地民风剽悍,一向是朝廷最为头痛的地方。

辛弃疾上任后,着力推行三件大事:经界、钞盐、缉盗。

中国古代的税制,分人丁税和田亩税两种。在贫富差距广泛存在的情况下,按人丁征税显然不公平。古人的收入来源比较单一，大多来自农业。一个穷苦家庭，没有土地，却要按人头缴纳过重的赋税，显然无法承受。

唐朝后期，实行"两税制"，即每年夏季和秋季两次作物成熟后征税，故称"两税制"。两税制是田亩税，取消了人头税。总体来看，这是税赋方面的进步。

两宋沿用唐后期的"两税制"，征收的标准是田亩，田多征税多，田少征税少。按说比较公平，但时间一长，还是出现了比较严重的问题。比如每个家庭拥有的田亩数，国家需要登记，计入档案，作为收税依据。两宋交替时期，国家战乱，土地兼并严重，土地状况发生了改变。比如，张三和李四两家过去都有五亩耕地，都按五亩纳税。战乱中，李四生活艰难，被迫将土地卖于张三，张三家土地变成了八亩，李四家只有两亩。但按过去登记的档案，两家还是各按五亩纳税，这样就造成税赋不合理。李四生产的粮食不够交租税，只会愈来愈穷，在无法维持生存的情况下，极易沦落为盗贼，甚至揭竿起义。

朝廷意识到这个问题的严重性，所以在高宗绍兴年间，重新丈量、统计、登记各户土地，作为新的纳税依据，这种做法，叫"经界"。

本来经界之后，税赋方面应该不再存在问题。但当时闽南漳州、泉州、汀州因有贼寇何白旗作乱，经界未能实行，所以这一带社会问题尤其突出。赵汝愚的《论汀赣盗贼利害奏疏》，就曾提到当时的纳税情况：

> 有税者未必有田，而有田者未必有税。比岁诸县逃亡者众，有司窘于调度，不肯为之从实依阁，遂将逃亡税赋均及见存邻保。邻保又去，则展转及之贫弱之民，横被追扰。其间却有豪猾之家，不纳税赋。一强者为之倡首，则群弱者从而附之。至有一乡一村悍然不肯纳常赋者。

民众不堪税负，就要逃亡。有关部门没办法向上交差，又不愿把税赋延缓到明年，就把逃亡者的税赋强加给邻居。邻居不堪重负，也逃了，没办法最后辗转将税赋加到那些贫弱民众身上。如果有一家强横狡诈的人不缴税，那些贫弱之民就会纷纷响应。这样下来，竟然出现一个村、一个乡公然不纳税的情况。

"夫仁政，必自经界始。"一千多年前，孟子就指出过经界的重要性。

1190年，朱熹知漳州，向朝廷请求经界。朱熹意识到经界可能会有很大阻力，上奏章给朝廷打预防针，说："此法之行，贫民下户虽所深喜，而豪民猾吏皆所不乐。喜之者皆困苦单弱无能之人，故虽有悃诚，而不能以言自达；不乐者皆才力辩智有余之人，故其所怀，虽实私意，而善为说辞，以惑群听，恐胁上下，务以必济其私。而贤士大夫之喜安静厌纷扰者，又或不能深察其情而望风沮怯，则为不可行之说以助其势，此则诚不能无将不得行之虑也。"经界会得到下层民众的支持，遭到富豪猾吏的反对。下层民众不善表达，富豪猾吏则能言善辩，混淆视听。士大夫们又不能深入考察民情，反而支持富豪猾吏。这是经界不能不考虑的阻力。

看过朱熹的奏章后，光宗皇帝表示先在漳州一地实行，看看效果。圣旨下来的时候，春耕春种已经结束，庄稼渐渐长成，为了减少扰民，朱熹决定第二年再进行经界。尽管如此，反对的声音已经甚嚣尘上，一些大臣也纷纷谏阻经界。在众多的反对声中，光宗皇帝下诏暂停此事。

次年，朱熹长子朱塾去世，朱熹伤心欲绝，无心政事，于是辞去职务，迁居建阳。

辛弃疾到福建赴任，朱熹特地嘱咐他，希望能完成自己未竟的经界大事。

辛弃疾在提点刑狱任上，巡视各州，在充分调研了解情况后，向皇帝建议：

> 天下之事，因民所欲行之，则易为功。漳、泉、汀三州皆未经界，漳、泉民颇不乐行，独汀之民，力无高下，家无贫富，常有请也。且其言曰："苟经界之行，其间条目，官府所虑谓将害民者，官不必虑也，吾民自任之。"其言切矣。故曰经界为上。

这里，辛弃疾提出一个重要观点，就是"天下之事，因民所欲行之，则易为功"。只要是老百姓愿意做的，就容易做成。这是儒家"以民为本"思想的新发展，做事不但要为民，而且要取得民众支持，按老百姓要求的去做。

漳州、泉州的老百姓要求经界不太迫切，而汀州上下思想高度统一，并且愿意自行组织开展经界。官府不需劳力劳心，又有利于安定团结，何乐而不为之？

辛弃疾要推行的第二件事，就是钞盐。

在古代，盐是特殊商品，每家每户都要用盐，消耗量大，而产地有限，只限于海边或者个别咸水井湖。也就是说，盐便于垄断。

春秋时，齐国临海，是盐的主要产地。齐国名相管仲是位大经济学家。他首创盐业官营，就是把食盐的经营权收归官方，这样政府可以赚取巨大的利润。因为管仲的这一创举，齐国很快成为各个诸侯国中最富裕的一个，奠定了齐桓公称霸的基础。

以后历代都非常注重对食盐生产销售的管控，政治清明、财政宽裕时，在一定范围内允许商户经销食盐。政局动荡、国家财政紧张时，又要严厉打击盐业私营，由国家垄断盐业，控制价格，攫取财富。

宋代商业十分繁荣，但官吏冗员多，战备开支大，财政吃紧，全国盐业政策也不太统一。比如，南宋时福建靠海的所谓"下四州"福州、泉州、漳州、兴化军，实行盐业经营准入制，叫"钞盐法"，就是官方发行"盐钞"，卖给盐商，盐商凭盐钞从盐场购盐，到市场上销售；而不临海的所谓"上四州"建宁府、南剑州、汀州、邵武军不产盐，实行盐业官营，只允许官方买卖，不允许私人进入这个领域。

相比较而言，钞盐法更具活力，私人经营有竞争，服务好，价格低，老百姓得到了实惠。而官营盐业，弊端很多，比如盐业官员损公肥私，把经营利润装进自己腰包；比如垄断经营，强买强卖；比如垄断价格，肆意加价。这些弊端，最后都会转嫁到百姓身上，百姓深受其害，苦不堪言。所以上四州要求像下四州一样，变革盐业制度，推行"钞盐法"。

辛弃疾果断在这四个州推行钞盐，不料又起波澜，受到朝臣非议。此前，广西也曾推行钞盐，但效果不太理想，原因是向官方买钞的盐商太少，致使钞盐法无法实施。广西在当时属于边远贫穷之地，大约民众不善经商，所以钞盐积极性不高。但朝臣以广西变革失败为由，意欲要求福建也停止变法。

于是辛弃疾上书《论经界盐钞札子》辩解：

> 福建钞法才四阅月，客人买钞几登递年所卖全额之数。止缘变法之初，四州客钞辄令通行，而汀州最远，汀民未及搬贩而三州之贩盐已番钞入汀，侵夺其额。汀钞发泄以致少缓。官吏取以借口，破坏其法。今日之议，正欲行之汀之一州，奈何因噎废食耶？故曰钞盐次之。

同广西相反，汀州发放盐钞过多，四个月就超过了过去全年销售食盐的总数，引起人们担忧。辛弃疾分析原因，是因为汀州距离路治福州最远，那里的盐商还没有买钞贩盐，外地的盐商已经进入汀州抢占市场了。

这属于市场的合理流动，不应该大惊小怪，更不应该因噎废食。

向皇帝解释清楚了经界和钞盐的必要性,辛弃疾下大力气推行这两种政策,特别是在汀州试行,取得了一定成效。

福建滨海,自古有海盗出没。特别是民生凋敝的时期,一些渔民不堪压迫,落草为寇,游荡于海上,夜间或农忙时节到岸上抢掠,形成匪患。福建多山,人口稠密,耕地稀少,山里又是匪寇理想藏身之所,出入无形,很难缉拿。所以,福建一直是匪患严重的地方。

考虑到民众安全和政局稳定,防止海盗和山贼侵扰,辛弃疾打算仿效在湖南创建飞虎军的做法,在福建编练一支军队。

编练军队首先需要钱,辛弃疾想出一个办法,他压缩各级日常可有可无的公务开支,尽量节省浮费,专门设置一所"备安库",把节省下来的钱存储于备安库之中。积少成多,集腋成裘,短短几个月时间,备安库存钱达五十万贯。据《宋史·职官志》,宋代一个县令的月薪是十五贯,丞相的月薪为三百贯。另据计算,当时五十万贯能买米二十万石,一石相当于现在的六十公斤,二十万石即一千二百万公斤。辛弃疾拿这五十万贯中的一部分,籴二万石粮食,备战备荒。

解决了钱的问题,接下来就是招募新兵,扩充队伍,锻造武器。辛弃疾打算打造一万副铠甲，将军队扩充至万人。

但是，未等他雄心勃勃的计划付诸实施，朝廷的免职文件就已经下达了。

原来，又有言官弹劾他。1194年七月，左司谏黄艾说他"残酷贪饕，奸赃狼藉"，朝廷将他罢官，免去他知福州和福建安抚使的职位，后来又将他的"集英殿修撰"降充为"秘阁修撰"。

这时离他上任刚刚一年。

同年，宋光宗逊位，其子宋宁宗即位。次年十月，言官们不依不饶，御史中丞何澹弹劾辛弃疾"酷虐裒敛，掩帑藏为私家之物，席卷福州，为之一空"，直指他将国库占为己有。朝廷又撤销了他的"秘阁修撰"贴职。

宋宁宗庆元二年（1196年），言官再次弹劾他"赃污恣横，唯嗜杀戮"，朝廷又免去他主管建宁府武夷山冲佑观的虚职。至此，辛弃疾成为一介布衣。

很有意思的是，辛弃疾第一次被免官时，刚建立起厢军飞虎军，被认为从中牟利，草菅人命。军队建立起来了，人被免职了。第二次正着手建立厢军，刚有风吹草动，还未有实质性进展，就直接让他卷铺盖走人。这绝不是巧合。奸、贪、凶、暴只是"莫须有"的罪名，不愿地方势力坐大，特别是不能容忍一支强大的、不受中央直接领导的地方军，才是朝廷对他采取措施的根本原因。有宋一代，手握重兵者，都被视为挑战朝廷底线，是绝不能被允许的。

从另一个角度讲，辛弃疾的仕途悲剧，正源于其强大的军事才能和强烈的抗敌意识。

而这又是辛弃疾的个体优势和孜孜以求的目标。

当辛弃疾融入宋代的政治军事体制那一刻起，悲剧就不可避免。

本来在福建任上，辛弃疾就颇多感慨，经常在隐、仕之间纠结万分。他知道自己的为政方式，过于张扬，过于威严，为官场不容，因此早有去国怀乡的心理准备，然而，就此挂冠而去，功业难成，又心有不甘。这种欲罢不能的心绪，在他此时的词章中多有反映。

水龙吟

举头西北浮云，倚天万里须长剑。人言此地，夜深长见，斗牛光焰。我觉山高，潭空水冷，月明星淡。待燃犀下看，凭栏却怕，风雷怒，鱼龙惨。

峡束苍江对起，过危楼，欲飞还敛。元龙老矣！不妨高卧，冰壶凉簟。千古兴亡，百年悲笑，一时登览。问何人又卸，片帆沙岸，系斜阳缆。

福建路南剑州有一处名胜,叫双溪楼,因位于剑溪和樵川两条河流的交汇处而得名。辛弃疾曾登双溪楼填两首词,一首就是这首《水龙吟》,另一首《瑞鹤仙》,风格不同,但两首词表达的思想感情基本一致。

　　一边是"举头西北浮云,倚天万里须长剑"的豪情万丈,一边是"不妨高卧,冰壶凉簟"的心灰意懒。最后只能"问何人又卸,片帆沙岸,系斜阳缆",无论山林还是钟鼎,都心无欣戚,欲归未得。

　　而如今,终于归去。

三山

福州是一座古老的城市,这一点经常被中原腹地的士人官绅忽视。

春秋越国被灭,勾践后裔南迁至此,融合当地土著,建立城市,是为福州。

东晋士族衣冠南渡,福州渐渐繁荣;唐代设府;五代时这里为闽国;宋代为福建路治,张伯玉、蔡襄、程师孟、曾巩、赵汝愚、梁克家等名人都曾主政福州,福州一时经济发展,文化昌盛,为东南名都。

福州北面横跨屏山,南面环抱于山、中部有乌石山,因此有"三山"的美称。

辛弃疾从1192年春赴福建任职,到1194年七月罢官,中间有半年时间在临安，其余时间均在福州。这是他知滁州之后，任职时间最长的地方，自然山水亲近，情意绵长。

"自是三山颜色好，更着雨婚烟嫁。"在辛弃疾眼中，福州的风景无与伦比。

福州的夏天平野千里，绿柳成荫，加上西湖水色潋滟，真是文人雅士的好去处。

杭州有西湖，此处风景秀美，是京城达官贵人休闲游玩的地方。苏轼曾作诗赞西湖："水光潋滟晴方好，山色空濛雨亦奇。欲把西湖比西子，淡妆浓抹总相宜。"把西湖比作春秋时越国著名美女西施，无论怎样打扮，都是最漂亮的。

福州也有一座西湖，晋太康三年（282年）郡守严高所凿，唐末时就成为游览胜地。福州西湖与杭州西湖同属海滨湖泊，风景多有相似之处，只是福州西湖要比杭州西湖小许多，可谓"小西湖"或"袖珍西湖"。

文人看湖山，辛弃疾知福州时，自然是这里的常客。他为福州西湖填过许多首词。

贺新郎

翠浪吞平野。挽天河谁来照影，卧龙山下。烟雨偏宜晴更好，约略西施未嫁。待细把江山图画。千顷光中堆滟滪，似扁舟欲下瞿塘马。中有句，浩难写。

诗人例入西湖社。记风流重来手种，绿阴成也。陌上游人夸故国，十里水晶台榭。更复道横空清夜。粉黛中洲歌妙曲，问当年鱼鸟无存者。堂上燕，又长夏。

题序"三山雨中游西湖，有怀赵丞相经始"中的赵丞相指赵汝愚，1182年、1190年，赵汝愚曾两次知福州兼福建安抚使，在第一次帅闽时疏浚西湖，但被质疑耗费钱财，受到非议。1191年，赵汝愚调任吏部尚书，起用辛弃疾为福建提刑。1193年，赵汝愚升知枢密院事；1194年，宁宗即位，赵汝愚为光禄大夫、右丞相。

福州西湖北面有座小山，叫卧龙山，四周则稻田吐翠，因此词中才有"翠琅吞平野。挽天河谁来照影，卧龙山下"这样的绘景之笔。

福州西湖既然与杭州西湖同名，风景又略相似，词人自然要把二者放在一起对比。"烟雨偏宜晴更好"化用苏轼描写杭州西湖的诗句，说福州西湖下雨天虽然很相宜，如果是晴天会更美丽。苏轼将杭州西湖比作西子，辛弃疾则说，福州西湖相当于西施出嫁之前的模样。少女出嫁之前，待字闺中，青春活力，天生丽质，但还缺少精心梳妆。这正是福州西湖与杭州西湖不同之处。

有一次他和赵汝愚《水调歌头》韵，同样用西子比西湖："说与西湖客，观水更观山。淡妆浓抹西子，唤起一时观。"

滟滪指水中的大石块。说福州西湖中的大石块，与三峡中的瞿塘峡可有一比。三峡水流湍急，险滩暗礁很多，有谚语说："滟滪大如马，瞿塘不可下；滟滪大如牛，瞿塘不可留；滟滪大如幞，瞿塘不可触。"卧龙山下也有巨石，因此词人才有这样一比。

这里的滟滪，又暗喻政治上的险阻坎坷。下一句承接这一暗喻，写外人责难赵汝愚疏浚福州西湖事，"中有句，浩难写"。中间的隐情，有几个人能够说得清楚呢！含蓄地为赵汝愚鸣冤叫屈。

文人爱结社，多以名胜命名，因此词人以西湖社指文人的结社唱酬活动。赵汝愚疏浚西湖虽惹人非议，但如今文人们来到这里诗词唱和，当年新载的幼树，现在已绿荫如盖矣。这是以西湖的新生，比拟赵汝愚政治生涯的蒸蒸日上。

和赵汝愚韵的《水调歌头》中，也有类似句子，如"种柳人今天上"，种柳人同这首词中的"绿阴"照应，指赵汝愚。

"陌上游人"后几句,写五代闽国时这里的繁华,闽王在这里建水晶宫,有水榭歌台,空中廊道。后宫佳丽,往来不绝。她们在这里笙歌妙舞,然而往事如梦,如今当年湖中鱼鸟,现在还有幸存的吗?何况一世繁华!

只有堂上飞燕,春去秋回,年年复是,现在又来消度这漫长的夏日。

这首词描写的是福州西湖夏天的景致,又兼怀赵丞相,颇有吊古风格。"旧时王谢堂前燕,飞入寻常百姓家。"感叹时光流逝,感叹物是人非,感叹世事无常。但主要基调,还是为赵丞相唱一曲赞歌。

又有一首《小重山》,亦写福州西湖:

小重山

绿涨连云翠拂空。十分风月处,着衰翁。垂杨影断岸西东。君恩重,教且种芙蓉。

十里水晶宫。有时骑马去,笑儿童。殷勤却谢打头风。船儿住,且醉浪花中。

还是写西湖的夏天,写与客同游西湖的快乐。这样纯粹的快乐,在稼轩词里并不多见。

福州还有一座万象亭，也是辛弃疾爱去的地方。万象亭是福州原郡守、著名词人叶梦得所主持修建。如同辛弃疾知滁州修奠枕楼一样，叶梦得在福州有一定政绩后，修建了万象亭。因登亭能一览四周风光，因此得名。万象亭建成后，韩元吉曾为之作赋。如今，韩元吉已去世数年，而万象亭犹在。

福州的秋天黄花堆积，秋意盎然。北宋黄裳曾写："赏三山处最宜秋"，福州秋天颜值最高。

辛弃疾怎能错过这最宜的秋！重阳节前一天，他登上万象亭，欣赏这秋意，却又难免感叹人生易老。

西江月

贪数明朝重九，不知过了中秋。人生有得许多愁，只有黄花如旧。

万象亭中殢酒，九仙阁上扶头。城鸦唤我醉归休，细雨斜风时候。

重阳节号称老人节，所以自称"衰翁"的辛弃疾格外挂心，不想如此却错过了中秋。中秋已过，万木凋零，登亭四望，满目萧条，只剩下菊花还有一些生机，不禁生出万端感慨。

酒可消愁，岁月不懂我，只有酒懂，所以举起壶觞，一醉方休。

城头的乌鸦在叫我回去，而我却对三山的细雨斜风流连忘返，醉了，也不想归。

小令简短，却道尽人生暮年风景。

福州的冬天，辛弃疾最爱的还是梅花。

鹧鸪天

病绕梅花酒不空。齿牙牢在莫欺翁。恨无飞雪青松畔，却放疏花翠叶中。

冰作骨，玉为容。当年宫额鬓云松。直须烂醉烧银烛，横笛难堪一再风。

福建地暖，梅花开时，绿叶不坠，这一点与江南大不相同，这也许是辛弃疾甚爱福州梅花的重要原因吧。

据记载，那年冬天，辛弃疾患伤寒刚好，吃了些青梅，牙便开始疼了。有一位道人为他针灸，在他手腕上阳溪穴灸了三次，第一次觉得病牙发痒，第二次觉得病牙发声，第三次就不疼了。

辛弃疾牙疼还未好，看到梅花盛开，欣喜若狂。

提一壶浊酒，在梅花树下，品酒，亦品花。故乡的梅花开时，总有漫天飞雪，白雪皑皑之中，只有青松常绿，让百树嫉恨。而今，梅树依然苍翠欲滴，犹如青松，雪中自有晶莹。三五朵红梅始艳，在翠叶映衬下，更显风姿绰约。

梅花高洁，以冰为骨，不惧严寒；容颜若玉，娇艳妖娆，不输兰菊。

南朝宋武帝女儿寿阳公主，在梅花下熟睡，梅花落到公主脸上，怎么也拂不去。三日后，才用清水洗掉。宫女们见状，纷纷仿效，从此始有梅花妆。

"当年宫额鬓云松"用的就是这个典故。

辛弃疾在另一首《洞仙歌》中曾写道："寿阳妆鉴里，应是承恩，纤手重匀异香在。"运用的也是这个典故。

苏轼有一首咏海棠的诗，写道："只恐夜深花睡去，更烧高烛照红妆。"本词中"直须烂醉烧银烛"，就化用了苏诗原意。

笛曲中有一首叫《梅花落》，是汉乐府中二十八横吹曲之一，传唱不衰。

深恐梅花被寒风吹落，所以尽管烂醉如泥，仍点上烛火，彻夜不眠，与梅花共度良宵。

可见喜爱之至。

辛弃疾在福州题咏梅花的词不少于五首。还有一首

《念奴娇》写道:"骨清香嫩,迥然天与奇绝。"可惜就是这样的天真颜色,却"漂泊天涯空瘦损,犹有当年标格"。

已不知是在写花,还是写自己。与陆游的"已是黄昏独自愁,更著风和雨"有同样的命运。

辛弃疾1192年春天到达福州,因公务繁忙,无暇游赏。1192年春天,他在临安度过。至1193年春,辛弃疾已知此处难以久留,因此,他再写福州的春色时,笔下总浸透着感伤。

行香子

好雨当春,要趁归耕。况而今已是清明。小窗坐地,侧听檐声。恨夜来风,夜来月,夜来云。

花絮飘零。莺燕丁宁。怕妨侬湖上闲行。天心肯后,费甚心情。放霎时阴,霎时雨,霎时晴。

清明节前后,福州的春色已经熟透,娇艳的花朵渐次凋零。词人坐在屋子里,看好雨空濛,听雨打檐声,心思却飘到"翠琅玕平野"的田园。"好雨知时节,当春乃发生。"正是春耕时节,恰逢春雨,莫误农事!

想着农事,又记起西湖。想来雨打风侵,湖畔应是落英缤纷。莺莺燕燕,犹在呢喃,仿佛告诫词人落花满地,妨碍闲游。其实，莺呀燕呀哪里知道，天意如此，人又何为！

美中不足的是，夜来风，夜来月，夜来云；霎时阴，霎时雨，霎时晴。风云变幻，捉摸不定。

这是写福州春景，也是写政治风云。面对大好春光，词人也只能喟叹，不如归去！

陶令

> 有一个人,能够长久被记挂,他的精神特质里,总有一种与你相融。
>
> ——题记

在福建后期,辛弃疾已经预感到山雨欲来,他又无力回天,因此时常产生"不如归去"的隐退思想。

归途中,他想象着自己这番"归去来兮",不是主动求隐,而是被弹劾罢官,落得个灰头土脸,连带湖的白鸟也会嘲笑自己吧。

柳梢青

白鸟相迎，相怜相笑，满面尘埃。华发苍颜，去时曾劝，闻早归来。

而今岂是高怀。为千里、莼羹计哉。好把移文，从今日日，读取千回。

词中，白鸟是词人最亲近的朋友，当年离开带湖，重新出仕，白鸟就反复叮咛，要早点回来。现在自己回来了，却满面尘埃，华发苍颜，狼狈窘迫，白鸟又是高兴，又是怜悯。

下阕词人向白鸟解释，我回来不是因为自己情怀高洁，也不是想念家里的美食。从今天开始，我要把《北山移文》这部揭露假道士的书，读上一千遍。

白鸟无言，嘲笑的还是自己。从自嘲中，他对重新出仕感到后悔，想要反省。陶渊明《归去来兮辞》中有"觉今是而昨非"，稼轩这首词，也表达出同样的意思。

带湖风景优美，辛弃疾在这里又有偌大的家业。但上饶是士大夫聚居的地方，虽然告别朝廷，但东舟西车，应酬颇多，很像第二个京城。朝廷对这里也不放心，自己一言一行都在当权者耳目监视之下。因此，这里不是理想的隐居之地。从福建回来，辛弃疾更加厌烦迎来送往，他下定决心逃离。

他开始经营位于期思渡村的瓢泉，打算长期在那里居住。

沁园春

一水西来，千丈晴虹，十里翠屏。喜草堂经岁，重来杜老，斜川好景，不负渊明。老鹤高飞，一枝投宿，长笑蜗牛戴屋行。平章了，待十分佳处，著个茅亭。

青山意气峥嵘。似为我归来妩媚生。解频教花鸟，前歌后舞，更催云水，暮送朝迎。酒圣诗豪，可能无势，我乃而今驾驭卿。清溪上，被山灵却笑，白发归耕。

在稼轩的规划中，瓢泉新居应该是"一水西来，千丈晴虹，十里翠屏"，像杜甫的草堂和陶渊明的斜川一样。他将来在这里的生活是花呀鸟呀，前呼后拥；云呀水呀，朝暮相伴，做酒圣诗豪，白发归耕。

他在瓢泉盖了些新房子，虽然没有带湖豪华，也足以供一家上下主仆居住。1191年春，瓢泉新居建成。不到一年，带湖的住宅不幸失火，一夜之间雪楼和稼轩化为灰烬。辛弃疾也不再重修，全家搬到瓢泉居住。

这一年，他已五十多岁，长年酗酒，身体不好，情绪低落，因此解散了家伎侍妾，一心一意过陶渊明式的隐居生活。

陶渊明一直是辛弃疾在带湖和瓢泉退隐时的精神偶像，他称赞陈亮"看渊明，风流酷似，卧龙诸葛"，在其词作中，更是多次提到陶渊明。

陶渊明又名潜，字元亮，东晋人。陶渊明少时，博览群书，立下"猛志逸四海，骞翮思远翥"的大志，后来步入仕途，历经坎坷，壮志难酬，因此挂冠归隐，荷杖田间，寄情山水，观菊品酒，终老田园。

陶渊明是以淡泊闻名于世的文人，辛弃疾是以驰骋沙场为抱负的帅臣，二者似乎风马牛不相及。但二人同样仕途艰辛，被迫归隐，又有许多相似之处，于是，辛弃疾处处以陶渊明为标杆，努力像他一样超然物外。

辛弃疾第一次见到瓢泉时，脑海中蓦然闪现出陶渊明，这才决心将其"据为己有"。

洞仙歌

飞流万壑，共千岩争秀。孤负平生弄泉手。
叹轻衫短帽，几许红尘；还自喜：濯发沧浪依旧。

人生行乐耳，身后虚名，何似生前一杯酒。

便此地结吾庐，待学渊明，更手种门前五柳。且归去父老约重来；问如此青山，定重来否。

稼轩想象：要是建几间房，门前种五棵柳树，像陶渊明一样隐居在这里，一定是人生乐事！

据统计，辛弃疾流传下来的词作共六百二十七首，其中提及陶渊明、引用陶渊明诗文的，计六十首，接近十分之一。从江淮两湖时，其词作就开始涉及陶渊明，年龄越大，涉及陶渊明的词作就越多。到瓢泉之时，涉及陶渊明的词作有三十二首，占涉陶词作总量的一半多，占瓢泉期间总词作近五分之一。

瓢泉新居中的每一间房，辛弃疾都精心地为它们取了雅致的名字。其中一间命名为"停云"。"停云"一词，出自陶渊明，陶渊明有以"停云"为题的诗四首，都是表达对亲友的思念。如其中一首写道："停云霭霭，时雨濛濛。八表同昏，平陆成江。有酒有酒，闲饮东窗。愿言怀人，舟车靡从。"在空濛的细雨中，闲坐东窗，独饮春醪，思念远方的亲人。辛弃疾曾很直白地引用陶渊明《停云》诗意，填写《声声慢》，自斟自饮，自吟自唱，怀念友人。

还有一首《贺新郎》，同样用《停云》诗意，写得更为隽永。

贺新郎

甚矣吾衰矣。怅平生、交游零落,只今余几!白发空垂三千丈,一笑人间万事。问何物、能令公喜?我见青山多妩媚,料青山见我应如是。情与貌,略相似。

一尊搔首东窗里。想渊明《停云》诗就,此时风味。江左沉酣求名者,岂识浊醪妙理。回首叫、云飞风起。不恨古人吾不见,恨古人不见吾狂耳。知我者,二三子。

这首词下面有一段长长的序,交代创作缘由:邑中园亭,仆皆为赋此词。一日独坐停云,水声山色,竞来相娱。意溪山欲援例者,遂作数语,庶几仿佛渊明思亲友之意云。序言交代"思亲友之意",其内容实为借酒抒怀,抒写自己清心淡泊的节操和超凡脱俗的个性。

带湖赋闲之后,辛弃疾经常觉得自己年老体衰。如《最高楼》中有"吾衰矣"这样的句子。其实,"甚矣吾衰矣"出自《论语·述而》,"子曰:'甚矣吾衰也!久矣吾不复梦见周公!'"孔子说,我衰老得太厉害了!很久没有梦见周公了!周公是孔子最尊敬的先圣,是孔子的精神偶像,很久没有梦见周公,是身体衰老的缘故,也是精神上寂寞无相亲的体现。

稼轩的"甚矣吾衰矣",首先表现在"交游零落"。因为交游零落,导致寂寞空虚,更觉"吾衰矣"。

"吾衰矣"的另一个表现,是看破红尘,看淡功名,不以物喜,不以己悲,人间万事,一笑了之。

交游零落,看淡功名,只好寄情山水,所以接下来才有"我见青山多妩媚,料青山见我应如是"。李白"相看两不厌,只有敬亭山",觉得自己跟高山融为一体了。稼轩亦是,感觉自己与青山具有相同的气质:俊朗、挺拔、深厚、孤独,不为世人所知,不为世事所动。

知音少,但我还是我。

陶渊明《停云》诗,为亲友所写。当时正值东晋末期,动乱纷争不已。陶渊明的所思,恐有具体所指。但稼轩此时领会《停云》诗意,更多的是渴望知音。

稼轩自诩为陶渊明的知音,遗憾渊明当时不为人识。"江左沉酣求名者,岂识浊醪妙理",偏安江左的那些人,怎么能理解其中高深的道理呢!

然而,陶渊明还有我这样一个知己,我,稼轩,知己何在?

"不恨古人吾不见,恨古人不见吾狂耳",我丝毫不遗憾没有能一睹古人风采,只遗憾古人见不到我的疏狂。

我识渊明,渊明不识我。这才是人生最大的悲哀。

辛弃疾把陶渊明引为隔代知己,孔子经常在梦里见到周公,而辛弃疾亦常于酣睡之间,与渊明对话。

水龙吟

老来曾识渊明,梦中一见参差是。觉来幽恨,停觞不御,欲歌还止。白发西风,折腰五斗,不应堪此。问北窗高卧,东篱自醉,应别有,归来意。

须信此翁未死,到如今凛然生气。吾侪心事,古今长在,高山流水。富贵他年,直饶未免,也应无味。甚东山何事,当时也道,为苍生起。

词人梦见渊明,醒来觉得惆怅不已,酒也没心情喝,歌也没心情唱,为什么呢?一个白发老翁,怎能为五斗米折腰!这样的秋风里,应该归去来兮,隐居世外,高卧北窗,东篱把酒,疏狂一醉。

词人坚信渊明的心意跟自己古今相通,他俩应是高山流水一样的知音,凛然有正气,不屑摧眉折腰、心为形役。

东晋谢安隐居东山时,兄弟们出仕为官,富贵显赫,门前车马来往不绝。他的夫人刘氏调侃说:"大丈夫不应该这样吗？"谢安说："恐怕咱们以后也免不了。"语气中充满不屑。

朝廷多次召辟谢安，都被他婉言谢绝，四十多岁的时候，为了家族利益，才勉强同意出仕，前往大将军桓温帐下任司马。御史中丞高崧跟他开玩笑说："先生屡次违逆圣意，高卧东山，大家说，安石（谢安字）不肯出仕，将如何面对苍生？现在您竟然出来做官了，这又怎样让苍生面对您呢？"

词的最后几句，用的都是谢安的典故。当时人们都说谢安应该出仕，担负起泽济天下苍生的重任，其实，这又关谢安什么事呢！

陶渊明、谢安都是隐逸者，只要是隐逸者，都是辛弃疾心目中的同道。诸葛亮曾躬耕南阳，辛弃疾便赞陈亮"风流酷似，卧龙诸葛"。北宋林逋隐居西湖，结庐孤山，以梅为妻，以鹤为子，辛弃疾赞曰："遥想处士风流，鹤随人去，已作飞仙伯。"

庄子、颜回，也都是辛弃疾词中的偶像。

愈是壮怀激烈的勇士，愈有一种出人意料的情怀。辛弃疾的情怀，叫田园。

止酒

> "古来圣贤皆寂寞,惟有饮者留其名。"如果没有酒,人生的旅程里,寂寞如烟;如果没有酒,最美的年华里,寂静如雪。
>
> ——题记

辛弃疾推崇陶渊明,还因为他们有一个共同爱好:酒。

在古人眼里,酒有着物质的外形,却有着精神的内涵。"古来圣贤皆寂寞,惟有饮者留其名。"酒有一种奇妙的魅力,能够化腐朽为神奇!

陶渊明爱酒。他在彭泽县做县令,国家拨付五十亩公田供他耕种。他说,这五十亩公田都种成高粱吧,因为高粱能酿酒。老婆急了,都酿了酒,吃什么呢!最后两人各让一步,一半种高粱酿酒,一半种稻谷果腹。

做官时,部下来报告工作,陶渊明嘬着小酒说:"我出来做官是为了喝酒,工作的事跟我说干嘛!"

归隐后,陶渊明做得最多的事情,一是劳动,一是饮酒。陶渊明流传下来的作品有一百二十余首,写到酒的有六十多首,有二十首直接以《饮酒》为题,这二十首,并非全是写酒,应该是酒后所做,也冠以"饮酒"诗名。

辛弃疾亦爱酒,他说:"一饮动连宵,一醉长三日","为公饮,须一日,三百杯","但将痛饮酬风月,莫放离歌入管弦","总把平生入醉乡,大都三万六千场","要他诗句好,须是酒杯深","五车书,千石饮,百篇才"。《全宋词》收辛弃疾词六百二十七首,其中与酒有关的达三百一十二首,同陶渊明一样,都约占作品总量的一半。

在酒上,他与陶渊明也是心意相通的。

他有一首情趣盎然的小词,写醉后憨态。

西江月

醉里且贪欢笑,要愁那得工夫。近来始觉古人书,信着全无是处。

昨夜松边醉倒,问松"我醉何如"。只疑松动要来扶,以手推松曰"去"!

喝醉了,与松树较劲,风吹松动,他却以为松树要来扶他,反而推着松树说:"我没喝醉,不要你来扶。"

长时间喝酒,对身体不好。史料记载,辛弃疾肤硕体胖,目光有棱,红颊青眼,壮健如虎。可是到隐居瓢泉时,他大约是得了糖尿病,体瘦,身弱,没有力气。他也知道这病是嗜酒而起,因此想要戒酒。然而,"待不饮,奈何君有恨;待痛饮,奈何吾又病"。经过激烈的思想斗争,他还是决定以身体为重,坚决戒掉这杯中物。

沁园春

杯汝来前!老子今朝,点检形骸。甚长年抱渴,咽如焦釜;于今喜睡,气似奔雷。汝说"刘伶,古今达者,醉后何妨死便埋"。浑如此,叹汝于知己,真少恩哉!

更凭歌舞为媒。算合作人间鸩毒猜。况怨无小大,生于所爱;物无美恶,过则为灾。与汝成言,勿留亟退,吾力犹能肆汝杯。杯再拜,道"麾之即去,召亦须来"。

词人将酒杯拟人，大喝一声："酒杯，你给我过来！"接着历数酒杯的"罪过"："长年口渴，咽喉像烧焦的锅；现在又嗜睡，睡觉时打鼾像打雷。"词人将这些身体上的不适都归罪于酒杯。

酒杯自然不服，辩解说："刘伶是古代贤达的人。他携着酒壶，走到哪里喝到哪里。他还带一把锄头，要是喝死了，就让别人就地挖个坑埋了就是。"

酒杯的话不吉利，但词人并没有怪它，反而说："你说得有道理，真是我的知己呀！"

看来，词人对酒还是恋恋不舍！

下面词人语重心长地与酒杯讲道理。

聚会歌舞时需要有酒助兴，这样伤害身体与毒药无疑。况且由爱生怨，怨酒是因为爱酒；事物即使是好的，爱之成痴，也会有害。

然后，词人下定戒酒的决心，对酒杯说："你赶快退下吧，如果再来，我坚定意志一定戒酒，不惜将你打碎。"

酒杯知趣地离开，说："麾之即去，召亦须来。"

其实，戒酒是件很困难的事。现代很多人都有感受，戒烟易，戒酒难。不仅因为酗酒的人身体对酒产生依赖，更因为酒是社交媒介。人生活在社会中，人情往来，朋友相聚，无酒不成席，稍有松懈，就会戒而复饮。

辛弃疾戒酒之后，偶尔也有破戒的时候。

沁园春

杯汝知乎，酒泉罢侯，鸱夷乞骸。更高阳入谒，都称齑臼，杜康初筮，正得云雷。细数从前，不堪余恨，岁月都将曲蘖埋。君诗好，似提壶却劝，沽酒何哉。

君言病岂无媒。似壁上雕弓蛇暗猜。记醉眠陶令，终全至乐，独醒屈子，未免沉灾。欲听公言，惭非勇者，司马家儿解覆杯。还堪笑，借今宵一醉，为故人来。

当时词人和几位朋友去山中游玩，朋友们拉了几罐酒。词人告诉朋友们自己戒酒了，朋友们不许。没办法，破戒一醉。

这种场景经常可以见到，酒桌饭局，一边是竭力推辞，一边是尽力相劝，最后不得已，还是相饮为欢。

有意思的是，词人不拿朋友说事，依然拿酒杯说事：酒杯你知道吗？

"酒泉罢侯"：杜甫《饮中八仙歌》有"汝阳三斗始朝天，道逢曲车口流涎，恨不移封向酒泉"的句子，写汝阳王李琏好饮酒,希望能把自己分封到酒泉这个泉如美酒的地方。词人在这里更进一步:为了有源源不断的美酒,宁愿不做王侯!

"鸱夷乞骸":鸱夷是用皮革制成的酒囊,春秋末期越王勾践的谋士范蠡曾自称"鸱夷子"。越王勾践灭亡吴国后,范蠡急流勇退,带着金银珠宝离开越国,到齐国做生意去了。词人在这里有另一层解释,为了喝酒,能够放弃荣华富贵,流落江湖。

"高阳入谒":汉高祖刘邦行军到高阳,郦食其求谒,使者进去通报,一会儿出来说:"我们主人为天下大事忙得很,没工夫见儒生。"郦食其大怒,说:"你去对你们大王说,我是高阳酒徒,不是儒生。"

"都称齑臼":齑臼是捣蒜、姜等调味品的容器。蒜、姜都是辛辣物品,所以齑臼谓之"受辛",繁体字中,受辛加起来是个"辞"字,所以后人又用齑臼指"绝妙好辞"。

"杜康初筮,正得云雷":杜康是传说中的酿酒始祖。云雷在《易》中为"屯"卦,不吉利。

词人列举了汝阳王、范蠡、郦食其、杜康与酒有关的故事,总结说,这些酗酒的故事被传为美谈,但实际上并不是什么好事。

"细数从前,不堪余恨,岁月都将曲蘖埋。"曲蘖是酿酒原料。词人悔恨从前喝酒太多，伤了身体。

"君诗好，似提壶却劝，沽酒何哉。"提壶是一种鸟的名字，欧阳修《啼鸟》诗云："独有花前提葫芦，劝我沽酒花前倾。"词人在这里说，虽然我已懊悔过去饮酒太多，怎奈客人劝酒的说辞这样中肯动听。

"君言病岂无媒。似壁上雕弓蛇暗猜。"这两句用了"杯弓蛇影"的典故，主人请客人到家里饮酒，挂在墙上的弓映入杯中，客人不知所以，以为杯中有条蛇，回去之后就病了。

这是客人劝词人的话，言词人因酒得病是杯弓蛇影，词人的病另有原因。

"记醉眠陶令，终全至乐"，陶渊明做过彭泽县令，因此称陶令。这里再次提到陶渊明，他整日醉醺醺的，结果得以安享天年。

"独醒屈子，未免沉灾"，屈原"天下皆醉我独醒"，最后却落得个投江自尽的悲哀下场。

这些都是客人劝饮的话。

"司马家儿解覆杯"，司马睿好饮酒，王导怕误事，经常劝谏他。西晋灭亡，王导和司马睿准备渡江到南方建立政权，司马睿劝身边的人痛饮一回，然后把杯子翻过来，从此不再饮酒。

最后几句，写词人决定饮酒的原因，听了客人的劝辞，惭愧自己没有喝酒的勇气。那么，今晚就放开一饮，为故人接风。

这场酒宴，未必有久别重逢的故人，只是饮酒的说辞而已。

戒酒不易。这首词作于1196年，这之后，辛弃疾的词作里仍不乏饮酒的内容，可见，这酒，他真的没戒。

游子

> 故乡是一根从心底生长出来的藤,无论行走多远,都羁绊着你,让你深深领悟回不去的痛。
>
> ——题记

虽然南渡已三四十年,先后在带湖和瓢泉置办家业,有了稳定的居所,但在辛弃疾心中,江南虽好,终是他乡,自己魂牵梦萦的故土,依然是济南。

总有一种声音提醒他,你是江南游子。

济南是泉城,凡有泉水的地方总能触动他的乡愁。

临安灵隐寺西南,有一座山峰,名飞来峰。传说是天竺国(今印度)灵鹫山一座小岭,不知什么时候飞来杭州,因此得名飞来峰。飞来峰前，有一处名胜叫冷泉亭。冷泉亭掩映于青山绿树之中，亭的对面是悬崖峭壁，从崖壁之间流出一泓清泉，泉水甘冽，伴以叮咚之声，令人顿生凄清寒凉之意，以此得名。

冷泉之名，含有寂寞孤独之意，正适合游子的心境。辛弃疾第一次到冷泉亭赏游，就爱上这里，挥笔作词，以记该亭。

满江红

直节堂堂，看夹道冠缨拱立。渐翠谷、群仙东下，佩环声急。谁信天峰飞堕地，傍湖千丈开青壁。是当年、玉斧削方壶，无人识。

山水润，琅玕湿。秋露下，琼珠滴。向危亭横跨，玉渊澄碧。醉舞且摇鸾凤影，浩歌莫遣鱼龙泣。恨此中、风物本吾家，今为客。

大意是，松竹挺立，像一个个士大夫在朝堂上一样仪容端庄，侍立两旁。前面是苍翠的峡谷，微风吹拂，绿树摇曳，像仙女下凡。峡谷里的泉水，像仙女身上的佩环，叮咚作响。谁能想象这样美妙的山峰，竟是从天竺国凌空飞来。山峰旁的湖泊，怎样劈开千丈山壁，落在了地上？

其实，飞来峰是仙人用玉斧砍削出来的，只不过没有人知道罢了。山石潮湿，秋露从山石上滴落，像一串串珍珠。坐船到冷泉亭去，流水一片澄澈。乘着醉意纵情歌唱、翩翩起舞，遗憾这么美丽的飞来峰，一直都是此间风物，却硬被说成是别处客居在这里的山水。

"恨此中，风物本吾家，今为客。"把飞来峰的故事，说得饶有情趣，同时把江山易主、自己客居江南的感慨，写得非常含蓄。

江南的春天万紫千红，能够暂时抚慰辛弃疾敏感的内心。到了暮春，花谢花飞，让人感叹时光流逝。这时，思念故乡的情怀不由自主地又升腾起来。

满江红

点火樱桃，照一架、荼蘼如雪。春正好，见龙孙穿破，紫苔苍壁。乳燕引雏飞力弱，流莺唤友娇声怯。问春归、不肯带愁归，肠千结。

层楼望，春山叠；家何在？烟波隔。把古今遗恨，向他谁说？蝴蝶不传千里梦，子规叫断三更月。听声声、枕上劝人归，归难得。

樱桃似火，荼蘼如雪，红装素裹，分外娇艳；竹笋破土而出，在一丛青苔中蓬勃生长；春燕带着雏鸟在顽强地飞翔；流莺呼朋唤友，声音娇媚婉转。

好一幅充满风情的春天画卷！好一个生机勃勃的江南之春！

然而词人笔锋一转，说春天就要归去，为什么不把愁一并带走？你看你看，我已愁肠千结。

樱桃和荼蘼，都是晚春开的花。"开到荼蘼花事了"，它们的开放，预示着春天就要结束了。

春归惹人愁，自古如是。然而词人的愁还不止这些。

登上高楼，堆锦积秀的山峦遮住视线，望不见故土家园。

这才是愁肠千结的真正所在！

"庄生晓梦迷蝴蝶"，蝴蝶是梦的别称；"又闻子规啼，夜月愁空山"，子规是思乡的代名词。入夜，月色皎洁，彻夜难眠，与枕边人声声切切，相互鼓励回到故乡，可惜烟波相隔，难归！

南渡时，辛弃疾恐怕没有想到，对于故乡，这一去竟是永别！他是抱着带领军队恢复家乡的使命离开的，却最终客老他乡空余恨，云雨巫山枉断肠。

辛弃疾思念故乡而不能回，只得退而求其次，把这份乡愁寄托在他的亲人身上。

他有位堂弟叫茂嘉，也在朝中做官，1198年，辛茂嘉被贬到当时偏远的桂林。这时辛弃疾已五十九岁高龄，妻子范氏新丧，又续弦了位林姓女子。当时又正值庆元党禁，他自己政治上朝不保夕，跟堂弟的告别无异于生离死别。辛弃疾悲伤欲绝，写下一首《贺新郎》。

贺新郎

绿树听鹈鴂，更那堪、鹧鸪声住，杜鹃声切。啼到春归无寻处，苦恨芳菲都歇。算未抵、人间离别。马上琵琶关塞黑。更长门翠辇辞金阙。看燕燕，送归妾。

将军百战身名裂。向河梁、回头万里，故人长绝。易水萧萧西风冷，满座衣冠似雪。正壮士、悲歌未彻。啼鸟还知如许恨，料不啼清泪长啼血。谁共我，醉明月？

这是一首著名的离别之词，也是稼轩诸词中最为断肠的一首，令人不忍卒读。

"绿树听鹈鴂，更那堪、鹧鸪声住，杜鹃声切。"这一句中连续出现三种鸟。鹈鴂是古代诗词中的常客，现在却已不能确定是哪一种鸟。在古诗词中，鹈鴂代表着悲哀的意象。阮籍就说过:"鹈鴂发哀音。"其实最早在《离骚》中就有这种鸟,屈原说:"恐鹈鴂之先鸣兮,使夫百草为之不芳。"原来,鹈鴂活跃在暮春,鹈鴂一叫,春将归去,人们难免有岁月蹉跎,青春迟暮的悲凉。

鹧鸪,也是古诗词中著名的哀鸟。鹧鸪的叫声,听起来像"行不得也哥哥",因此极易让羁旅行役的游子回味起离愁别恨。这种鸟只生活在南方,北方人听起来,更容易勾起乡思。白居易有一首《山鹧鸪》专门写它的哀鸣:"啼到晓,唯能愁北人,南人惯闻如不闻。"北宋张咏一首《闻鹧鸪》也很直接:"北客南来心未稳,数声相应过前村。"

再说杜鹃,又名子规,即布谷鸟,其叫声酷似"不如归去"。杜甫有《杜鹃行》写道:"其声哀痛口流血。"

三种鸟,任意一种,都让人徒生离愁别恨,而这三种鸟轮番鸣叫,此起彼伏,送别的人怎能不痛彻心扉!

俗话说,福无双至,祸不单行。词人用三种哀鸣的鸟,暗喻情感上连续遭受打击的境况。

暮春是无可奈何花落去的季节,告别万紫千红的鲜花,已经令人伤感,再要告别血浓于水的亲人,其悲切可想而知。"啼到春归无寻处,苦恨芳菲都歇。算未抵、人间离别。"

下面辛弃疾又连续使用典故,极端地渲染"别恨"。

"马上琵琶关塞黑。"用昭君出塞的典故。汉元帝派王昭君和亲匈奴，临行时，乐队在马上弹奏琵琶曲，以慰其长途跋涉的艰辛和乡思。这个典故，暗指堂弟所去桂林地处边塞，路途遥远。

"更长门翠辇辞金阙。"汉武帝皇后陈阿娇失宠，被贬到长门宫，从此咫尺天涯。词人在此暗指辛茂嘉获罪被贬。

"看燕燕，送归妾。"卫庄公之妻庄姜没有生育，将庄公妾戴妫之子完当作自己的亲生儿子。完继位不久，就在叛乱中被杀，他的母亲戴妫被遣返母家。庄姜与戴妫情谊深厚，送妾大归，依依不舍，乃作伤别诗《燕燕》，其中写道："燕燕于飞，差池其羽。之子于归，远送于野。瞻望弗及，泣涕如雨。"燕子上下翻飞，送行的人泪如雨下。

"将军百战声名裂。向河梁、回头万里，故人长绝。"汉代将军李陵，多次抗击匈奴，最后兵败势孤，被迫投降。他的朋友苏武，出使时被匈奴扣留，不屈气节，牧羊为生。后来，苏武得以归汉，而李陵被汉朝视为叛徒，身败名裂，无法回归。李陵作诗送别苏武，诗曰："携手上河梁""长当从此别"。

"易水萧萧西风冷，满座衣冠似雪。正壮士、悲歌未彻。"战国燕国太子丹派荆轲前去刺杀秦王，率手下宾客到易水边送行。太子丹和宾客都穿着白衣，戴着白帽，像为死人送葬一样。荆轲的朋友高渐离击筑送行，荆轲则伴着音乐高歌，唱道："风萧萧兮易水寒，壮士一去兮不复还。"周围的人皆涕泣垂泪。

五个悲切送别的典故之后，词人又将读者的情绪拉回到鹈鴂、鹧鸪、杜鹃的鸣啼上，照应开篇。杜鹃嘴上有一块儿红斑，古人附会那是啼叫时流出的鲜血。这些鸟儿带着离别的怨恨，长啼鲜血。

最后，词人将一个个悲剧色彩浓郁的离别典故，引到自己身上："谁共我，醉明月？"在其他词中，词人有"知我者，二三子"这样的句子，表达知交寥落的悲凉，而"谁共我，醉明月"，却是形单影只的孤寂。

其他人写离别，或悲凉，或凄清，或落寞，或留恋，或旷达，这首词所传达的情绪，更多的是悲愤、沉郁。即便不了解其中的典故，读起"将军百战声名裂""满座衣冠似雪"这样的句子，也会被深深的绝望所笼罩。

这就是艺术的魅力！

这首词的悲剧色彩获得文人共鸣，王国维说："稼轩《贺新郎》词送茂嘉十二弟，章法绝妙。且语语有境界，此能品而几于神者。然非有意为之，故后人不能学也。"

辛弃疾之所以能写出这样千钧之作，来自于其内心巨大的家国之痛。

第六章

红巾翠袖,揾英雄泪

- 浙东
- 江湖
- 备战
- 陨逝
- 词宗

浙东

权力的世界里,从来没有云淡风轻。

——题记

辛弃疾在瓢泉享受风月、参悟人生之时,朝廷上的争权夺利、尔虞我诈一刻也没有停止。

南宋第二任皇帝孝宗赵昚虽然不是高宗赵构亲生,但却可以说是有史以来最为孝顺的皇帝之一,真当得起"孝宗"这个庙号。高宗赵构一死,赵昚也无心当皇帝,将皇帝宝座传给儿子光宗赵惇。

光宗虽然是孝宗的亲儿子,但在孝道上却一点儿也不随老爹。

光宗的皇后很霸道，叫李凤娘，生性嫉妒残忍。有一次，宫女给光宗端水洗脸，光宗见那宫女双手白皙，嫩如新藕，娇若凝脂，不由感叹一声："好！"只这一句，就害了这名宫女。次日，李凤娘差人给光宗送来一个点心盒，光宗打开一看，竟是那宫女粉嫩细白的小手，手腕上还残留着鲜血，宛若宫女无声的泣诉。这般恐怖的场景，让光宗当即晕倒在地。

李凤娘心狠手毒，她挟持光宗，干预朝政，但却没有任何本事，使得朝堂上下怨声载道。

在皇后的压制下，光宗患上了抑郁症和精神病。

李凤娘是高宗亲自为光宗选定的。不久，高宗自己也非常后悔，不满意这个孙媳妇。李凤娘因此对高宗、孝宗心怀怨愤，经常离间祖孙三代的关系。特别是高宗驾崩、孝宗禅位之后，李凤娘在父子间煽风点火，光宗对老爹日渐疏远。光宗犯病，孝宗差人送药，李凤娘造谣说是毒药，懦弱的光宗也不敢吱声。

光宗怕老婆，又不愿听老爹太上皇赵昚的唠叨，因此长年不去见老爹，不去向孝宗请安。孝宗非常生气，却无可奈何。

绍熙五年，即公元1194年，宋孝宗临死前想见儿子一面，李凤娘百般阻挠，光宗竟然不敢前去探望病危的父亲。

农历六月初九，宋孝宗驾崩，按照礼仪，皇帝赵惇应该主持葬礼。但光宗以抱病为由在后宫寻欢作乐，对葬礼不闻不问。

一些实在看不下去、忍受不了这个疯子继续当皇帝的大臣，以知枢密院事赵汝愚、知阁门事韩侂胄为首，拥立光宗的儿子赵扩即皇帝位，尊光宗赵惇为太上皇，史称"绍熙内禅"。

赵扩就是宋宁宗，次年改元庆元。

宋宁宗也是一位没有主见、没有理政能力的皇帝，为了掩饰自己的无能，宁宗在朝堂之上一般不发表意见，也不公开批阅奏章，而是将大臣的奏章拿到内廷中批示，称为"御笔"。这种非正常的理政方式，为权臣操弄权柄提供了机会。

赵汝愚因拥立有功，被提升为光禄大夫、右丞相，赵汝愚又推荐朱熹任焕章阁待制兼侍讲，相当于皇帝的老师和顾问。

绍熙内禅的另一位有功之臣韩侂胄，是宁宗皇后韩氏的叔父。有这一层外戚的关系，韩侂胄得以经常亲近皇帝。

赵汝愚、韩侂胄形成朝堂上的两大派系。他们渐渐疏远、冲突、倾轧，掀起庆元党争。

韩侂胄得天独厚的外戚身份，使他更容易勾结内廷，进而控制皇帝。所以，这场残酷的倾轧，不久以韩侂胄得胜而告终。

1194年九月，宁宗登基不足百日，宋宁宗和韩侂胄罢免朱熹职务，让朱熹还居建阳。

1195年六月，宁宗登基不足一年，韩侂胄一党上书宁宗，希望对道学"考核真伪，以辨邪正"，数日后，朝廷开始全面甄别真伪道学。十一月，韩侂胄上奏赵汝愚为皇室同姓，不宜居相位；监察御史胡纮更诬陷赵汝愚欲复辟光宗。于是，赵汝愚被贬谪为宁远军节度副使，永州安置。贬谪路上，赵汝愚风尘致病，又被庸医误诊，1196年正月，竟暴毙身亡。

1196年二月，朝廷正式将理学定为"伪学"，士子儒生不得学习、传播。科举考试只要涉及理学内容，一律黜落。

尽管如此，韩侂胄仍不放心，他担心理学影响太大，怕他们以道德的名义品评公卿、裁量执政，进而危及自己的统治，于是又把矛头指向理学宗师朱熹。监察御史沈继祖列举了朱熹不忠、不孝、不仁、不义、不恭、不谦六大罪状，提出要像孔子诛杀少正卯一样"斩朱熹以绝伪学"。朱熹的弟子们被要求不准聚会，不准传播义理，其中不少人被流放、坐牢。

1197年，党禁再次升级。当权派列出五十九人的黑名单，称为"伪学逆党籍"，包括赵汝愚、王蔺、周必大、朱熹、吕祖谦、叶适等人。

宋宁宗的第一个年号是庆元，这次党禁被称为庆元党禁。

庆元党禁是有宋一代最大规模的文化清洗，是一场文字狱式的文化浩劫。这一场运动，不仅摧残学术文化，而且借文化之名，打击政治对手，以赵汝愚、朱熹为代表的名士派势力被瓦解，韩侂胄这样的权臣、野心家借党禁粉墨登场，把持了朝政。

辛弃疾曾受惠于赵汝愚，在闲居带湖十年后被赵汝愚推荐起用。他与朱熹惺惺相惜，交往颇深。在有些人眼里，辛弃疾属于逆党的外围人物，应当赶紧与逆党划清界限、断绝关系。但辛弃疾表现出坚定的君子之风，不但没有与朱熹等断绝关系，反而逆风而上，对朱熹表现出极大的同情与支持，为朱熹写下"所不朽者，垂万世名。孰谓公死，凛凛犹生"的祭文。

辛弃疾在庆元党禁中没有受牵连，其主要原因在于辛弃疾热衷于军事收复失地，在学术上并无立场和建树，除了与"逆党"人士有私人友谊，于道学上并无瓜葛。

不仅如此，辛弃疾的手腕和作风深受韩侂胄赏识。韩侂胄要树立权威，重振朝纲，正需要辛弃疾这样的官员。何况在一些政治举措上，韩侂胄还需要辛弃疾的支持。

到了光宗朝，主战派的元老们逐渐去世、凋零，如虞允文、张浚、叶衡等，早已作古。辛弃疾虽赋闲在家，但其坚定的抗金主张，以及曾有过金戈铁马的实战经验，受到人们拥戴。此时，辛弃疾俨然成为没有职衔的主战领袖。正如朱熹的门生黄榦所言："明公以果毅之资，刚大之气，真一世之雄也。"

这让韩侂胄对辛弃疾不敢等闲视之，他想要利用辛弃疾的威望，巩固自己的权柄，进而实现自己的野心。

公元1203年，辛弃疾突然接到南宋朝廷的新任命，起用他知绍兴府兼两浙东路安抚使。

两浙东路辖越、婺、衢、明、台、处、温、严八府，宪司治绍兴府。

两浙东路西托京都临安，东临大海，重要性可想而知。

闲居八个春秋，花甲之年，与"伪学之魁"朱熹交好，不但没有受到连累，还被起用担任这么重要的职位，让辛弃疾始料未及。

辛弃疾这样的强势官员，又留心国计民生，无论在哪个位置，都会努力有所建树，即使任职仓促，也会向朝廷提出建议，留待后任参考。浙东任上，辛弃疾依然政绩卓然。

在浙东，辛弃疾首先下手整治的，依然是贪污腐败、侵扰民众的官吏。

两宋虽然经济发达，但由于冗员多，政府效率低下，加在民众身上的苛捐杂税在各朝代中也是首屈一指的,而南宋尤甚。尽管如此,各级官员仍然巧取豪夺,因缘为奸,榨取民脂民膏。这种现象十分严重和普遍。

辛弃疾到任后,向朝廷上了一道奏章,论述"州县害农之甚者六事"。这六件事,都是当时民众反应强烈、迫切需要解决的,其中谈道:

输纳岁计有余,又为折变,高估趣纳,其一也。往时有大吏,为郡四年,多取斗面米六十万斛及钱百余万缗,别贮之仓库,以欺朝廷曰:"用此钱籴此米。"还盗其钱而去。

官府加码收取百姓赋税,然后通过实物变换等手段,再巧取豪夺一层。辛弃疾举例说,一名官员,做郡守四年,多征赋税折合米面六十万斛、钱百万余缗,贮存在另外的仓库和钱库中,最后把这些米面交出来,却假称是用这些钱买的,经过这样一番"清洗",钱库里的钱就装进了这位官员的私囊。

看来,当时已经出现了游离于财政监管的"小金库"。并且,这位官员懂得利用小金库进行"洗钱",其犯罪手段隐蔽。

贪污腐败是社会的"毒瘤",自然难以清除。但如果严厉打击,贪官污吏会有所收敛,有助于政治清明。

在浙东任上,辛弃疾还镇压了一股私盐商贩动乱事件。这种小事件,对于曾经镇压茶商军,建立飞虎队的辛弃疾来说,实在是小菜一碟,不值一提。

绍兴府古名越州,又名会稽。传说大禹在这里大会诸侯,论功行赏,因此得名会稽。大禹一生四件大事:封禅、娶亲、计功、归葬,都发生在会稽,这里可谓圣人之地。大禹的后人在这里建立越国,春秋时,越国在国王勾践的带领下,伐灭吴国,争霸中原,强盛一时,所以,这里又是霸业之都。

绍兴还是人文荟萃的秀色之城。东晋时,文人雅士三月三日在会稽山聚会。按古人的习俗,要在这一天临水洗濯,去除不祥。名士们在溪水旁,将盛着酒的杯子放在水中,任其漂流。杯子停在谁的面前,谁就要饮酒赋诗。这就是文采风流的"曲水流觞"。有一年,雅士共作诗三十七首,其中一位叫王羲之的,把这些诗收集起来,并作序,这就是著名的《兰亭集序》。《兰亭集序》飞扬遒媚飘逸,被称为"天下第一行书",王羲之也获"书圣"称号。

"却忆安石风流,东山岁晚,泪落哀筝曲。"辛弃疾最为推崇的东晋名相谢安,出仕前就隐居在绍兴府治山阴县的东山。

王、谢两大家族在这里留下不少遗迹。

辛弃疾能够利用做官的便利,寻访、瞻仰古圣贤的遗迹,确是在浙东任上的一大快事。

受先贤的启示,辛弃疾在绍兴修建了一座观光亭,取名"秋风亭",供登临望远之用。从这座亭的名字看,辛弃疾大有人生苍暮、山河飘零的感慨。

汉宫春

> 亭上秋风,记去年袅袅,曾到吾庐。山河举目虽异,风景非殊。功成者去,觉团扇、便与人疏。吹不断,斜阳依旧,茫茫禹迹都无。
>
> 千古茂陵犹在,甚风流章句,解拟相如。只今木落江冷,眇眇愁余。故人书报,莫因循、忘却莼鲈。谁念我,新凉灯火,一编太史公书。

亭上秋风,与他处秋风并无不同,但夕阳西下,大禹的功绩何在?汉武帝关于秋天的词章纵然华美,流传千古,然而草木摇落,江山寥落,故国难回,又是怎样的痛!

在这个凄凉的秋夜,独对孤灯,谁会想到我呢?

真是透彻脊背的冷。

江湖

> 我行走在诗词里,我行走在江湖上,我行走在自己的文字里。
>
> ——题记

绍兴文化昌盛,离京城又近,非上饶可比。此时辛弃疾词名远播,已经成为文坛巨擘。隐居绍兴的诗人词人大多聚集其麾下,一些江湖词人也远道而来,慕名结交。辛弃疾任职的绍兴,以及稍后任职的镇江,俨然成为诗词的江湖。

陆游,字务观,号放翁,本就是绍兴山阴人,年长辛弃疾十五岁,在早婚早育的古代,他们算是两代人了。

陆游平生际遇不如辛弃疾顺利。他先是在科举中成绩太好，排名在秦桧孙子之上，从而惨遭秦桧报复，被阻断仕途。秦桧死后，他得以赐进士出身，选入朝中为官。

陆游性格耿直，屡屡犯颜直谏，因而得罪圣上，多次遭到贬谪。孝宗隆兴年间，陆游为通判，跟辛弃疾官职大体相当。乾道年间，辛弃疾已经做了知县、安抚使参议官，陆游辗转蜀中，还是通判一类的小官。

1178年，辛弃疾已经是大理寺少卿、转运副使，陆游也被从蜀中调出，职位开始上升。直到1186年，陆游才被任命为严州知州，后入朝担任兵器少监、礼部郎中等。

同辛弃疾一样，陆游也是一个坚定的主战派。隆兴北伐时，他上书张浚，献上强军之计；隆兴和议后，他又上书迁都建康。1171年，陆游到南郑军中担任幕僚，能够亲临抗金前线，他大为兴奋，经常到战略要冲巡逻考察。"楼船夜雪瓜州渡，铁马秋风大散关"成为他一生中最辉煌的记忆。

具体北伐策略上，他曾作《平戎策》，提出"收复中原必须先取长安，取长安必须先取陇右"的战略观点。

陆游一生作诗近万首，是历史上有名的高产诗人，有《剑南诗稿》传世。他在蜀中游历十年，所作颇丰，孝宗喜欢读他的诗，才召他回到江南。陆游文学上推崇苏轼，处处以苏轼为榜样，朱熹评价"放翁老笔尤健，在今当推为第一流"。

陆游诗雄浑豪健，如《金错刀行》："黄金错刀白玉装，夜穿窗扉出光芒。丈夫五十功未立，提刀独立顾八荒。京华结交尽奇士，意气相期共生死。千年史策耻无名，一片丹心报天子。尔来从军天汉滨，南山晓雪玉嶙峋。呜呼！楚虽三户能亡秦，岂有堂堂中国空无人。"以咏刀抒报国之志。陆游虽曾效力军中，但身为文职，亦没有亲自参加过战斗，不如辛弃疾军事实践经验丰富，所以他的诗歌描写军事场景，只能出自想象，如"夜阑卧听风吹雨，铁马冰河入梦来"。铁马冰河只能在梦中出现。

陆游亦善词，与辛弃疾词的内容、词的风格都很相近，被后世称为"辛派词人"。如《诉衷情》："当年万里觅封侯，匹马戍梁州。关河梦断何处？尘暗旧貂裘。　胡未灭，鬓先秋，泪空流。此生谁料，心在天山，身老沧洲。"沧桑雄健，不输稼轩。

同辛弃疾一样，陆游也宦海几经沉浮。1165年，陆游因为"鼓动张浚北伐"，被罢官免职，在家赋闲四年；1175年，又因"不拘礼法""燕饮颓放"被免职，在成都浣花溪畔度过三年自耕自种的生活；陆游在江西常平提举任上时，赵汝愚弹劾陆游"不自检饬、所为多越于规矩"，陆游愤然辞官，回到山阴老家，闲居五年；1190 年，由于陆游"喜论恢复""不合时宜"，朝廷最终以"嘲咏风月"为名将其削职罢官。

这次，陆游整整退隐十三年。直到 1202 年，韩侂胄当政，同样出于拉拢结纳的目的，召陆游入京编修国史。尽管陆游曾经不齿韩侂胄的为人，但听到韩侂胄打算北伐，还是心潮澎湃，转而对韩侂胄大加推崇和赞扬，还为韩侂胄的别墅"南园"和府邸"阅古堂"作记。

尽管如此，韩侂胄只是想利用陆游的诗名，为其歌功颂德，并没有打算在军事上对其委以重任。因此，陆游修完史书《两朝实录》和《三朝史》后，被闲置起来。无奈，他只好重新回到老家绍兴山阴。

这一年，为嘉泰三年，公元 1203 年，时陆游已七十九岁高龄。不久，辛弃疾到绍兴任职，二人得以有一场风云际会。

辛弃疾和陆游平生际遇如此相近，却辗转为官，宦游各地，一直没有机缘相识。现在辛弃疾来到陆游家乡，怎能再错过这个机会！

陆游因被诋毁"嘲咏风月"，干脆将自己的府宅取名风月轩。风月轩坐落在山阴县西九里三山西村，三山指石堰山、韩家山和行宫山，其居所不远处是山阴最为有名的风月之地——镜湖。

辛弃疾只身来到风月轩前。风月轩占地数亩,掩映在湖光山色之间,很是宜人。比起带湖新居,少了一些阔远,但多了一些灵秀之气。辛弃疾一下子就喜欢上了这里的环境。

当然,在建筑上,风月轩没办法跟带湖新居或者瓢泉新居相比。由于陆游长年不在家,官职也起起伏伏,生活不太宽裕,所以,风月轩房子不多,全部是茅屋,多年没有修葺,已经相当陈旧了。

辛弃疾叩响风月轩的门扉,门没上锁,就径直推开进去。刚到堂屋前,就听见屋内朗声诵道:"万叠青山绕镜湖,数椽自爱野人居。"声音有些苍老,但中气十足,充满着昂扬的斗志。

"一定是放翁了。"辛弃疾想。

于是在门外大声自报姓名:"济南辛弃疾拜见放翁。"

屋内吟诵声戛然而止。堂屋门"吱"一声打开,只见陆游须发皆白,但精神矍铄,拄着一根拐杖走了出来。"我说今天喜鹊喳喳,必有贵人来访,果然是稼轩光临寒舍。"

双方相互倾慕多年,相见时,陆游已是耄耋之年,辛弃疾也已年过花甲,二人怎能不心绪涌动,感慨万千!

当天,二人在陆游的书屋"老学庵"畅怀一叙。二人政治观点接近,文学造诣相当,自是有说不完的话题。一直到天黑，辛弃疾才依依不舍告辞。

出门时，见风月轩屋舍破旧，辛弃疾请求为陆游修葺房舍，被陆游婉言谢绝。陆游知道，辛弃疾政务很忙，不能占用他太多时间。陆游还知道，韩侂胄北伐在即，国家用钱的地方很多，不愿拖国家后腿。

辛弃疾也没有勉强，因为来日方长，以后自己定能好好说服这位耿直倔强的老人。他没有料到，他很快将离开绍兴，为陆放翁修葺房屋的心愿始终没能实现。

南宋时，有一批词人，屡试不第，漫游天下，依人做客，被称为江湖词人。

刘过，字改之，号龙洲道人，好谈论兵法和治乱之变，多次上书朝廷提出收复中原的建议，都未被重视。他的词作大多感慨国事，狂逸俊致，与辛弃疾词风接近。

刘过周游江浙，来到绍兴，求见辛弃疾。门房见刘过一介布衣，其貌不扬，不愿向内通报。刘过故意在外面大声喧哗，惊动辛弃疾。辛弃疾于是让刘过进屋问话。辛弃疾问："你能作词？"刘过说："能。"当时酒席上有羊腰肾羹，辛弃疾便命他以此为题作诗赋词。刘过也不惊慌，反而要求先喝点酒，去去寒气，然后吟道："拔毫已付管城子，烂首曾封关内侯。死后不知身外物，也随樽俎伴风流。"管城子指毛笔，羊毛是做毛笔的上好材料。西汉末年刘玄称帝，号更始帝，其嗜酒好色，不理朝政，并滥授官爵，宫廷内部腐败，所授的官职名目繁多，小商人、厨子都被授予官职，因此百姓讽刺说："灶上养，中郎将。烂羊胃，骑都尉。烂羊头，关内侯。"

刘过诗风与辛弃疾接近，辛弃疾大喜，自此经常周济刘过，二人结为至交。

刘过虽然投靠辛弃疾，但本性自由，不受拘束，有时候还要耍文人脾气。刘过回临安后，辛弃疾甚是想念，隔了一段时间，差人前去相邀。刘过这次却摆起架子，拒绝了辛弃疾，并且给他写首词，表明自己虽然贫寒，却不是召之即来、挥之即去的角色。词的上阕曰：

>斗酒彘肩，风雨渡江，岂不快哉？被香山居士，约林和靖，与坡仙老，驾勒吾回。坡谓：西湖，正如西子，浓抹淡妆临镜台。二公者，皆掉头不顾，只管衔杯。

词人充满情趣地说，辛大人，您用酒肉招待我，我太高兴了！不过这次不能赴约，因为我和白居易、林逋、苏东坡在一起，他们不让我去。

那时候的词人，就是这样任性。

这一时期，跟辛弃疾来往密切的文人还有张镃、丘崈、姜夔等。

张镃是张俊的曾孙，出身显赫，家族豪富。他投入大量资金建造了一座精美的园林，取名"桂隐林泉"，园林各处景致都丽甲天下。这样一位贵公子，却是满腹才学，能诗善文。他曾作《贺新郎》，记述和辛弃疾一起欢聚游赏的快乐时光，称赞辛弃疾"东晋风流兼慷慨"，不仅才华风流，而且慷慨奋发。

丘崈也曾做过转运副使，跟辛弃疾脾气相投，交往甚密。辛弃疾作《汉宫春》，丘崈和之，从秋风亭联想到瓢泉美景，称颂辛弃疾"胸次恢疏"。

姜夔，字尧章，号白石道人。其一生未仕，转徙江湖。庆元之后，他依附张镃及其族弟张鉴，寓居杭州。大约在这期间，姜夔通过张氏兄弟认识了辛弃疾。

姜夔精通音律，他的词格律严谨，用字考究，将宋词的艺术性推至臻境，堪称宋词的集大成者。姜夔与辛弃疾，代表着南宋诗词两种重要的风格和流派。

这一时期，南宋词坛煞是热闹，而热闹的核心，是辛弃疾。

正当辛弃疾与一帮文朋词友在秋风亭上怀古伤今，感慨时事之际，朝廷一纸诏书，召他进京谒见。

这时，宋宁宗和韩侂胄北伐的意图已经很明显，这份调令一定与时局有关，确切地来说，与北伐有关。

一段时间以来，宋金形势发生了微妙变化，宋宁宗和韩侂胄认为北伐的时机已经成熟。

金国皇帝金世宗与南宋孝宗皇帝签订"隆兴和议"，之后平息干戈，两国维持了长达半个世纪的和平。金世宗去世后，皇长孙完颜璟继位，是为金章宗。金章宗早期尚能勤勉处理朝政，后期却沉溺酒色，重用奸佞，致使国力日衰。

中原地区民族矛盾尖锐，金人霸占汉人土地，但本身又不会耕作，只能强迫汉人成为佃农，然后用更残酷的手段进行剥削和压迫。汉人不堪忍受，纷纷逃亡，致使大量土地撂荒。金人无所依靠，只能重新霸占新的土地，如此形成恶性循环，中原农业日益凋敝。

人祸天灾，祸不单行。中原地区水灾蝗灾轮番肆虐，黄河三次决堤，并于1194年夺淮入海，国计民生雪上加霜。

困于生计的贫民纷纷揭竿而起，以太行山为依托，开展反抗金国统治的武装暴动。

趁金国无暇他顾之时，原先臣服于金国的蒙古各部落强势崛起，草原争霸风起云涌。金章宗试图坐观蒙古部落相互残杀，自耗力量，不想成吉思汗一代雄主，在短短十多年内统一了蒙古草原，成为金国最大的威胁。

眼看金国内部一片混乱，北边又后院失火，一直没有放弃恢复中原努力的南宋朝廷，似乎看到打败金国的一线曙光。此时韩侂胄又急于用一场战争证明自己的能力，巩固自己的权力，于是下决心发动北伐。他先将主战骨干召集到京城，以形成主战舆论，进而获得宋宁宗的支持。

辛弃疾就是被召集的主战骨干之一。

尽管辛弃疾对韩侂胄素无好感，但在北伐这件事上，他还是坚定地站在韩侂胄阵营。

辛弃疾去向陆游告别，陆游非常兴奋，他虽然已经年迈，不能亲临战场指挥杀敌，但由朋友实现他们共同的北伐宏愿，也足以让其欣慰。

抑制不住激动的心情，陆游作了一首长诗为辛弃疾送行。

在诗中，陆游称赞辛弃疾的文学才能："稼轩落笔凌鲍谢"，说辛弃疾文采比鲍照和谢灵运更好。他夸奖辛弃疾博览群书，勤于创作："千篇昌谷诗满囊，万卷邺侯书插架。"称赞辛弃疾政治才能："大材小用古所叹，管仲萧何实流亚。"历史上的名相管仲和萧何，在辛弃疾面前也甘拜下风。

他激励辛弃疾，认为有辛弃疾挂帅，宋军定能所向披靡："天山挂旆或少须，先挽银河洗嵩华。"中原百姓一定一呼百应，金军定然一击而溃，仓皇逃窜："中原麟凤争自奋，残虏犬羊何足吓。"

他告诫辛弃疾要谨慎行事，当心小人嫉妒暗算："古来立事戒轻发，往往谗夫出乘罅。"辛弃疾被朝廷搁置多年，与韩侂胄政治上又有过恩怨，陆游劝勉辛弃疾以国仇为重，无须计较个人恩怨："深仇积愤在逆胡，不用追思灞亭夜。"

备战

> 梦想近在咫尺,梦想遥不可及。
>
> ——题记

辛弃疾对金国的状况一直牵挂在心,也一直洞若明火。

因为金宋和好,两国频繁互派使臣,双方对彼此都比较了解。如南宋使者赵善义去向金章宗贺寿,归途中因为下车地点问题同金国臣僚发生争执。赵善义挖苦金臣说:"你们国家被蒙古侵略,还要得罪大宋,难道要我们起兵和蒙古一起夹攻你们吗?"虽然失礼,但说明彼此对对方的情况都了如指掌。

光宗、宁宗朝派往金国的使臣如丘崈、钱之望、郑汝谐、许及之、汪义端等，都和辛弃疾交往密切，辛弃疾经常从他们那里获取金国政治、经济、军事的最新动态。在浙东时，他还专门派间谍化装成商人、苦力等，到金国刺探情报，特别是自己重点关注的山东、河北等地。他给间谍布置详细的任务，让他们重点考察这些地区的山川地貌、军事据点、军事设施、兵力部署等。间谍回来后，他根据报告，绘制成地图，画在绢布上，以备研究具体的攻守策略时使用。

所以辛弃疾对这次朝廷召对胸有成竹。

1203年冬，辛弃疾在临安觐见宋宁宗。在与北伐有关的问题上，辛弃疾谈了两点：

第一点，金国衰败之相已现，金国内忧外患，乱亡将至。朝廷如若抓住机会，积极推动北伐，定能一雪靖康之耻，收复中原失地。

第二点，北伐不是小事，不能草率行事，应当交付元老大臣，根据形势发展，制定应变之策，领导和实施北伐战争。

这两点，核心是元老大臣。遍视朝野，谁是元老大臣？

遍视朝野，辛弃疾认为最适合亲自带兵上前线的，是自己。无论声望，还是实战经验，自己都是不二人选。

韩侂胄行吗？韩侂胄的曾祖韩琦，与范仲淹共同守卫西北,并称"韩范"。当时有歌谣唱:"军中有一韩,西贼闻之心骨寒;军中有一范,西贼闻之惊破胆。"韩琦可谓一代名将。但是,韩侂胄从来没有作战经验,也没有参与过前沿防线经营,对军事可谓一窍不通。

其实,韩侂胄是不是元老大臣并不重要,因为韩侂胄集军政大权于一身,不可能亲临战场,辛弃疾也不可能超越韩侂胄,辛弃疾要的是"金戈铁马",亲临前线杀敌,而不是在后方谋划指挥。

在北伐的角色上,他跟韩侂胄并无冲突。

这个时候,朝中著名的主战派还有叶适叶正则。叶适比辛弃疾年轻十岁,他二十五岁上书签书枢密院事叶衡,纵论天下形势,提出中兴策略;二十九岁中举,被授予官职。叶适推崇学术,结交广泛,陈亮、叶祖谦、周必大、陈傅良、陆九渊等名士都是他的好友。绍熙内禅时,叶适任尚书左选郎,也是重要推手之一。韩侂胄与赵汝愚争权,叶适受到牵连,被贬官外放。庆元党禁时,叶适也是"逆党"五十九人之一,被免官罢职。

1202年,为笼络人心,韩侂胄解除了伪学党禁。在辛弃疾召对朝廷之前,1203年九月,叶适也被宣召进京。宁宗向他征求北伐意见时,他对宁宗说:"治国以和为体,处事以平为极。臣欲人臣忘己体国,息心既往,图报方来可也。"也就是说,叶适认为北伐是将来的事情,现在急需做的是让臣子们舍己报国,不要对过去的事情耿耿于怀,等到将来再作打算。

刚开党禁,人心不齐,还是应该着眼内政,凝聚人心,团结各派,发展自己。

叶适反对立刻北伐,正合宋宁宗心意,于是封叶适为兵部侍郎。但叶适既然反对马上北伐,自然不是统领北伐的最佳人选。

有名望的人中,似乎找不到"元老大臣"的人选。

这"元老大臣",无疑是自荐之语。只是辛弃疾不便明说,让皇上、韩大人,他们想去吧!

宋宁宗本就昏庸,才没有工夫去想那么多曲曲弯弯。

韩侂胄北伐本就是为了树立自己的威望,自然不容他人染指指挥大权。不过韩侂胄巧妙借势,重点放大辛弃疾意见中的第一点:北伐必胜!韩侂胄以此鼓舞人心,并成功说服了宋宁宗,让宋宁宗下定最后决心,同意韩侂胄主导和指挥北伐。

事实上,当时对是否应该北伐争论极其激烈,除了叶适这个老牌主战派不赞同外,许多士人也反对北伐。

朱熹高徒、女婿,同属主战阵营的黄榦,给辛弃疾写信,劝他不要蹚这场浑水。黄榦说:

今之所以主明公者，何如哉？黑白杂揉，贤不肖混淆，佞谀满前，横恩四出，国且自伐，何以伐人？此仆所以深虑。夫用明公者，尤不可以不审。夫自治之策也，国家以仁厚操驯天下士大夫之气，士大夫之论素以宽大长者为风俗。江左人物素号怯懦，秦氏和议又从而销靡之，士大夫至是奄奄然不复有生气矣，语文章者多虚浮，谈道德者多拘滞，求一人焉，足以持一道之印，寄百里之命，已不复可得，况敢望其相与冒霜露，犯锋镝，以立不世之大功乎？

这段翻译过来，大意是：现在他们重用您，又能怎么样呢？黑白交杂，贤人与不肖混淆在一起，满朝奸佞阿谀之徒，赏罚不明，热衷于内斗内耗，靠什么去攻打金国？他们为什么用您，不能不好好审视一下。大宋的朝政，国家对士大夫宽厚，士大夫以宽厚为风气。江南人物一向怯懦，秦桧向金国议和，更削弱了人们的斗志，士大夫奄奄一息，没有一点奋发向上的勇气。书写文章虚伪轻浮，议论道德拘泥呆板，想找一个人，凭借朝廷任命，完成君主使命，已经不容易了，哪敢指望他们克服艰难困苦，冒着刀枪剑锋，立下不世之大功？

黄榦的看法是对的。韩侂胄、辛弃疾、陆游等，只看到金国的衰亡，严重低估了南宋内部存在的问题。宋人安逸奢侈惯了，重文轻武，不好战，缺少虎狼之气，缺少进取之心，根本不具备北伐收复故土的条件。

南宋的这些短板，不是更换几位将领，任用元老大臣就可以弥补的。

在北伐的问题上，辛弃疾的出发点虽是为国，不是为己，但也存在着急于求成的思想。辛弃疾知道韩侂胄的态度举足轻重，为鼓励韩侂胄北伐，在他寿辰之日，特意献上了一首寿词。

清平乐

新来塞北，传到真消息：赤地居民无一粒，更五单于争立。

维师尚父鹰扬，熊罴百万堂堂。看取黄金假钺，归来异姓真王。

上阕写金国面临的困境：老百姓民不聊生，朝廷中内乱纷争。下阕力赞韩侂胄。尚父就是姜尚姜子牙；熊罴都是猛兽，这里指勇武之师；假黄钺是皇帝赋予将军的权力，相当于尚方宝剑，一般在出征时授予统兵元帅。韩侂胄像姜尚一样雄才大略，统领着威武之师，一定能所向披靡，胜利归来，得封异姓王。

辛弃疾对待北伐的态度鼓舞和帮助了韩侂胄，促使皇帝下定决心，促成后来被称为"开禧北伐"的战争。

韩侂胄兴高采烈地谋划北伐大业去了，把辛弃疾的贴职由集英殿修撰晋升为宝谟阁待制，又加了个提举佑神观的虚职，然后将他晾在一边。

直到次年三月，韩侂胄想起辛弃疾还有"余热"可以发挥，一纸调令，让他上任镇江，为北伐敲敲边鼓。

镇江府治京口。京口是辛弃疾的故地，虽没有在京口任过职，但南渡之后，他长期定居这里，并在这里续娶范氏，收获美满爱情。

从地图上看，京口在建康下游，位于长江津口，北边毗邻扬州，是军事要冲，兵家必争之地。其战略位置仅次于南宋陪都建康。

把辛弃疾放在这个位置上，似乎是对他的信任和倚重。但辛弃疾此时想要的是在朝中为官，统筹北伐，镇江方隅之地，并不是他的意愿。后来的事实也证明，镇江并不是北伐主战场。

辛弃疾镇守镇江，其实是被边缘化了。辛弃疾上任时，因为没有能待在中央，有一些遗憾，但并不愿放弃这个一生唯一一次参与北伐的机会,所以还是欣然上任。

尽管辛弃疾不能做到"不以物喜,不以己悲",但他还是积极有为地在其位谋其政。

辛弃疾在镇江任上,主要工作是规划筹备北伐。

辛弃疾认为北宋过去的部队积弊太深,战斗力太弱,主张创建一支新军。他准备从宋、金边境招募,因为边境的人经历战争比较多,"幼则走马臂弓,长则骑河为盗",民风剽悍,作战勇敢。而内地的人,习惯耕田种地,听到钲鼓响声已经胆战心惊,更不用说提刀上阵作战了。

辛弃疾准备了一万套军服,等着招募丁勇,陈列江边,以壮国威。

除此之外,辛弃疾还密集地向金国派遣间谍,为北伐收集情报。辛弃疾舍得花大价钱,为间谍提供丰厚的经费和赏赐,所以获得的情报比较准确、详尽。他派遣的间谍,最远深入幽燕、中山等地。他派遣多路侦探,将收集的情报相互印证,防止间谍偷懒、谎报。

在镇江,辛弃疾曾读到宋高宗绍兴三十一年(1161年)拟定的诏书草稿。那一年对于辛弃疾是个重要的转折之年,金国完颜亮南侵,金宋采石矶大战,辛弃疾在山东起义。这份诏书的内容是宋高宗打算御驾亲征,当然诏书最终没有下发,宋高宗也没有亲临战场。

读到这份诏书，想起四十多年来的屈辱，辛弃疾心潮起伏，久久不能平息。他悲愤地在诏书草稿上题跋：

> 使此诏出于绍兴之初，可以无事仇之大耻；使此诏行于隆兴之后，可以辛不世之大功。今此诏与此房犹俱存也，悲夫！

假如高宗按这份诏书去行动，就没有后来的奇耻大辱；假如孝宗按此诏去行动，也可以建立历史上少有的大功。可惜，现在这份诏书还躺在书斋里，仇敌也还在对面，这是多么可悲的事情！

辛弃疾的忧愤还体现在这一时期的词作中。

长江南岸，有北固山，横枕大江，山势险要。山上有亭，叫北固亭，又叫北固楼。登亭远眺，不仅江水浩渺，而且依稀可见江北风景，群山逶迤，草木葱郁，天地苍茫，仿佛中原。靖康之后，南渡官民思念家乡，常常登楼怀远，因此又将北固亭称为"北顾亭"。

辛弃疾登上北固亭，畅想着北伐胜利那一天，终于可以踏上故乡的热土，再见中原河山，不禁心潮澎湃，提笔写下一首《南乡子》。

南乡子

何处望神州？满眼风光北固楼。千古兴亡多少事？悠悠，不尽长江滚滚流。

年少万兜鍪，坐断东南战未休。天下英雄谁敌手？曹刘。生子当如孙仲谋。

词人想起江南的英雄孙权，在风起云涌的汉末时代，能够以一隅之兵力，与曹操、刘备三分天下，真正能够称得上英雄。"生子当如孙仲谋"，是曹操对孙权的赞誉。曹操率大军伐吴，临江观兵，与孙权相持一月有余，不能取胜，于是英雄相惜，感叹"生子当如孙仲谋"。

词人渴望有孙权一样的英雄横空出世，坐断东南，北取中原，报仇雪耻。

然而，事实上，理想远大，现实残酷。辛弃疾"归正人"的身份，又与赵汝愚、朱熹等交好，都让韩侂胄对他有所顾忌。韩侂胄不愿手下有个资历深、威望高、性格倔强、难以驾驭的潜在对手，所以在利用完辛弃疾后，过河拆桥，多次在宋宁宗面前进谗言，诋毁辛弃疾年事已高，不堪大用。

恰在这时，辛弃疾推荐过的一位官员犯了罪，韩侂胄便将辛弃疾连坐，追究他举荐不当之罪，将辛弃疾由朝议大夫降为朝散大夫，免去镇江知府，迁任隆兴知府。

这对辛弃疾无疑是致命打击。

最后一次实现一生抱负的机会就这样被断送，他焉能不恼恨激愤！

陨逝

> 千古功业何为凭?风流总被雨打风吹去。
>
> ——题记

即将离开的时候,辛弃疾再次登临北固亭,愤懑地写下一首《永遇乐》。

永遇乐

千古江山,英雄无觅,孙仲谋处。舞榭歌台,风流总被,雨打风吹去。斜阳草树,寻常巷陌,人道寄奴曾住。想当年,金戈铁马,气吞万里如虎。

元嘉草草，封狼居胥，赢得仓皇北顾。四十三年，望中犹记，烽火扬州路。可堪回首，佛狸祠下，一片神鸦社鼓。凭谁问，廉颇老矣，尚能饭否？

他再次想起孙权，这次直接感慨英雄无觅。孙权这样的英雄现在找不出来了。

词人还想起了另一位雄踞江南的英雄——寄奴。寄奴是南朝宋开国皇帝刘裕的小名，刘裕曾以京口为根据地，削平内乱，取代东晋江山。刘裕还两次领兵北伐，先后灭掉南燕、后秦，收复洛阳、长安等地。"金戈铁马，气吞万里如虎"写的就是刘裕北伐的壮举。后人多用这两句形容所向披靡的英雄气势。

金戈，指武器；铁马，披着铁甲的战马。冷兵器时代，金戈铁马都是精良的军事装备。

刘裕这样的壮举，最后也归于平淡，如今只剩下"斜阳草树，寻常巷陌"。

下片继续用典。宋武帝刘裕的儿子刘义隆，也有其父之志，但却无其父之才。他三次北伐，均无功而返。第二次北伐，还被北魏反攻至长江沿岸，国力损耗严重。

刘宋大将刘兴祖曾向刘义隆建言：率一支奇兵，出山东，占领中山，守住太行山险要，将北魏遏制在山西和燕山之北，这样，中原不战自溃，刘宋北伐成功。这条建议，与辛弃疾的北伐设想相似。但当时刘义隆没有采纳刘兴祖的建议，辛弃疾的谋略也不被朝廷重视。

辛弃疾感同身受，很容易想起这段历史。

元嘉是刘义隆的年号，三次北伐就发生在元嘉年间。狼居胥是一座山的名字，汉代时在匈奴境内，霍去病征匈奴，到达狼居胥山，在这里举行封禅祭天，庆祝胜利。

刘义隆立志北伐，有意像霍去病一样封狼居胥，但力不能逮，最终仓皇逃窜，眼看着敌人兵临城下。

历来对这一典故的用意解释争议颇多。一部分人认为，这是影射隆兴北伐失败故事，告诫朝廷不要轻敌冒进。大多数人认为，韩侂胄急于求成，准备不足，草率行事，词人凭敏锐的洞察力，预言此役必败，因此深感忧虑。

隆兴北伐虽然失败，但有很强的积极意义，辛弃疾在《九议》中，对隆兴北伐进行了肯定。所以，这里不可能用元嘉北伐影射隆兴北伐。

自朝廷从浙东召回辛弃疾那天起，辛弃疾就不遗余力支持北伐，没有任何资料表明他主张北伐应该谨慎缓行。

那么，辛弃疾用刘义隆北伐失败的典故，到底在警示什么？

辛弃疾对即将进行的北伐是真心支持的，但正如殿前召对所言，他认为北伐应该由"元老大臣"来主持，希望自己在北伐中发挥主导作用。但他先是受到朝廷冷落，现在又被弃置不用，被调离前线，自然心绪难平。

他忧虑的是，没有自己这样的"元老大臣"发挥作用，凭借韩侂胄这样的肤浅之辈，北伐将岌岌可危。

哼！韩侂胄，虽然权大，在真枪真刀面前，苍白无力。

接下来，词人回忆自己的战斗生涯。四十三年前，正是辛弃疾如火如荼抗金杀敌、渡江南归的岁月。他从硝烟弥漫中走来，受过战火洗礼，受过阵前锤炼，是一位有资历的合格将军。词人用"四十三年，望中犹记，烽火扬州路"告诉朝廷，自己最有资格、最有能力参加抗金北伐战役。

"可堪回首，佛狸祠下，一片神鸦社鼓"一句，佛狸，是指北魏皇帝拓跋焘，他小字佛狸伐。正是这个拓跋焘，反攻刘义隆，直打到扬州城下，饮马长江。拓跋焘在扬州瓜步山上建立祠庙，后人称为佛狸祠。佛狸祠本是侵略者的象征，而如今老百姓早已忘记八百年前的战火，反而将侵略者的战火变成了香火。

无疑，词人用佛狸祠，讽喻南宋君臣已多年不识烽烟。

最后，词人将词的主旨落脚到自己身上："凭谁问，廉颇老矣,尚能饭否?"我老了吗?没有!还能战斗吗?当然能!

廉颇是战国时赵国的常胜将军,年龄大了,赵王担心他不能继续带兵打仗,特意派人探查他,以此推断廉颇能否担当重用。词人以廉颇自比,不仅在比年龄,更是在比军事能力。

这是辛弃疾在被弃置不用时的牢骚,也是向朝廷最后表白的请战书。

辛弃疾的《永遇乐》传到朝廷,韩侂胄不乐意了:这不分明是对我不满,明嘲暗讽吗?仗还未打,先乱军心,当斩!但是,北伐一事,尽管大家心知肚明,毕竟没有公开,没有办法以诽讪名义治辛弃疾的罪。于是韩侂胄指使言官旧事重提,弹劾辛弃疾"好色、贪财、淫刑、聚敛",免去辛弃疾知隆兴府的新职,改授"提举冲佑观"的空名。这样,辛弃疾还没有到江西上任,就再次被罢官归耕,回到瓢泉。

剔除了辛弃疾这个绊脚石,韩侂胄认为北伐时机已经成熟,正式开始北伐。

叶适是大儒,韩侂胄希望叶适能够写一篇"北伐檄文"。战争中,檄文能起到争取人心、鼓舞士气的作用,历来战争的指挥者都非常重视。但叶适反对韩侂胄发动北伐,断然拒绝了这个要求。不仅如此,叶适还向宋宁宗上书,称北伐十分危险。

朝野有识之士也纷纷发出反对声音。武学生华岳上书说：听说要北伐，民众彷徨四顾，仿佛马上就要家破人亡。军人家眷悲痛啼哭，不愿亲人赴汤蹈火。民间惶恐不安。

华岳将矛头直指韩侂胄，指出韩侂胄位极人臣，专执权柄，公取贿赂，卖官鬻爵，忤逆僭越，包藏祸心。

华岳又把朝臣痛斥一番：平庸猥琐，阿谀谄媚，依附权贵，结党营私，只知侂胄，不知君父，难以托付大事。

华岳认为北伐必败：将帅庸愚，军民怨怼，马政不讲，骑士不熟，豪杰不出，英雄不收，馈粮不丰，形便不固，山砦不修，堡垒不设，吾虽带甲百万，餫饷千里，而师出无功，不战自败。万一国家首事倡谋，则将帅内睽，士卒外畔，肝脑万民，血刃千里。

宋宁宗自然不会听信于华岳，韩侂胄更是恼羞成怒，直接将华岳打入大牢。

凡是反对意见，一律打压，一律封杀。于是，宋宁宗再也听不到不同声音了。

公元1206年，南宋宁宗开禧二年，五月，南宋不宣而战，发动北伐。

宋军攻击的战线遍及江淮，东到淮南东西路，西到襄阳、唐州、邓州。战争过程很简单，几乎没有波澜。宋军一接触金军，就纷纷溃退，从东到西，全线溃退，一败涂地。

金军乘胜反攻，不久，真州失守，扬州失守。

更加糟糕的是，在蜀地、汉中、陕西等地拥有兵权的宋将吴曦，趁机反叛，投靠金国，自称蜀王。

南宋不仅输掉了面子，也输掉了里子。

开禧北伐既败，怎样收拾残局？这时候，朝廷又想起了辛弃疾。

1206年末，南宋朝廷将辛弃疾职名晋升为龙图阁待制，命他紧急赶往京城临安。次年春天，他被任命为兵部侍郎。

宋代兵部并无太多兵权，侍郎也只是兵部副职，但这个职务，也是辛弃疾曾经梦寐以求的。不想在开禧兵败之时，却得到这个职务。很明显，朝廷并不是打算让他重整旗鼓，而是为了对汹涌澎湃的问责民意有所交代，进行安抚。

辛弃疾并不傻，不会为韩侂胄做挡箭牌。况且，他的身体状况也确实不允许他再担任实职。于是他坚决地、反复地上书推辞，终于辞掉了这一任命。

他作一首《瑞鹧鸪》，表明不愿出仕的心迹。

瑞鹧鸪

期思溪上日千回，樟木桥边酒数杯。人影不

随流水去，醉颜重带少年来。

　　疏蝉响涩林逾静，冷蝶飞轻菊半开。不是长卿终慢世，只缘多病又非才。

　　通篇好像在写景，写瓢泉世外桃源般的生活：自己在溪水边消磨时光，在樟木桥边的酒杯里蹉跎岁月。流水它带走光阴的故事，却没有改变一个人，那个人醉里鹤发童颜，仿佛青春少年。期思溪畔树林幽静，鲜花烂漫，真是个隐居的好地方。不是我不想离开这里，傲慢世人，只是没有经世的才能，身子却又多病。

　　看起来词人似乎很快乐，但最后一句暴露了他心中的无奈：多病又非才。辛弃疾曾以廉颇自比，如今却自嘲"非才"，内心充满着悲哀。他在带湖曾写道："而今识尽愁滋味，欲说还休，欲说还休，却道天凉好个秋。"这首《瑞鹧鸪》，词人写期思溪美景，非为陶醉，实在是"却道天凉好个秋"呀。

　　南宋朝廷面对金国强大的兵力和压力，没有办法，只好求和。这次，金国提出极为苛刻的条件，除了土地、绢帛、钱缯之外，还要索取韩侂胄的人头。韩侂胄怒不可遏，只好硬着头皮继续打。不过，朝中反对势力已经不允许韩侂胄再胡作非为。宁宗皇后杨氏与野心家史弥远相互勾结，于 1207 年十一月三日将韩侂胄秘密杀死。此后，史弥远逐渐掌握了朝廷权柄。

次年九月，即宋宁宗嘉定元年，史弥远与金国议和，金宋由叔侄相称改为伯侄相称，岁币由二十万两增为三十万两，另加"犒军银"三百万两。

而这时，辛弃疾已经去世近一年。

辛弃疾拒绝兵部侍郎一职后，身体每况愈下，只好安心在铅山养病。这期间，韩侂胄多次想要起用辛弃疾支撑危局，表奏辛弃疾为枢密院都承旨，要他再赴临安议事。但辛弃疾已病入膏肓，难以从命。

公元 1207 年 10 月 3 日，南宋宁宗开禧三年九月初十，辛弃疾病逝铅山瓢泉新居，时年六十八岁。

临死前，辛弃疾尚大呼"杀贼"数声。

辛弃疾去世后，被葬于铅山县南十五里的阳原山。

次年，嘉定和议后，史弥远掌握了朝政大权，开始清算韩侂胄。辛弃疾因为迎合其北伐，被削去一切荣誉职务。

宋理宗绍定六年，公元 1233 年，辛弃疾去世二十六年后，朝廷追赠他光禄大夫。

宋恭帝德祐元年，公元 1275 年，辛弃疾去世六十八年后，朝廷追赠其少师，谥"忠敏"。

宋度宗咸淳三年，公元 1267 年，辛弃疾去世六十年整，当朝史馆校勘谢枋得过铅山，住在一间寺庙里。入夜，谢枋得听见有一种声音若隐若现，仿佛呜咽怨愤。谢枋得大惊，唤来庙里的僧人问询，得知附近有辛弃疾墓。谢枋得再仔细听，那声音确实在为辛弃疾鸣不平！声音一直到夜半不止。谢枋得于是秉烛作文，写下《祭辛稼轩先生墓记》，一直写到天色将晓，这时，怨愤之声才消失。

谢枋得这篇《祭辛稼轩先生墓记》，对辛弃疾给予崇高的评价：

> 公精忠大义，不在张忠献、岳武穆下。一少年书生，不忘本朝，痛二圣之不归，闵八陵之不祀，哀中原子民之不行王化，结豪杰，志斩虏馘，挈中原还君父，公之志亦大矣。耿京死，公家比者无位，犹能擒张安国归之京师，有人心天理者闻此事莫不流涕。使公生于艺祖、太宗时，必旬日取宰相。入仕五十年，在朝不过老从官，在外不过江南一连帅。公没，西北忠义始绝望，大仇必不复，大耻必不雪，国势远在东晋下，五十年为宰相者皆不明君臣之大义，无责焉耳。

"忠献"是张浚的谥号，"武穆"是岳飞的谥号。谢枋得将辛弃疾比作张浚、岳飞,是非常高的评价。他可惜辛弃疾这样忠义之士,在朝中只是个"从官",即副职,如大理寺少卿,在外,也不过是个帅臣。从辛弃疾后期从朝议大夫降到朝散大夫看,其职级是比较低的。在谢枋得看来,辛弃疾这样的人才,如果放到宋太祖、宋太宗二位皇帝手下,必定早早做了宰相。

无独有偶,对于辛弃疾的事迹,清圣祖康熙和谢枋得几乎有相同的评价:"君子观弃疾之事,不可谓宋无人矣,特患高宗不能驾驭之耳。使其得周宣王、汉光武,其功业悉止是哉!"周宣王和汉光武帝都是所谓中兴之君。

词宗

> 词人的不幸大多在于,总有抑郁积结于心;
> 词人的幸运在于,总有一种力量传递到后世。
>
> ——题记

辛弃疾以气节自负,以功业自许,心目中的自己应该金戈铁马,喋血沙场。然而沙场近在咫尺,他却难以策马扬鞭,最终以词章传世。

辛弃疾一生传世词章六百二十多首,是宋代留下词章最多的词人。

辛弃疾南渡前作品没有传世,南渡后作品已经相当成熟。他在南宋词坛成为一面旗帜,是在带湖闲居时期,他在带湖作词二百二十八首，这一时期是他创作的高峰期。这个时候，他的词不仅有豪情，也有交游、隐逸、景致、抒怀、田园等，题材广泛，内容丰富，风格多样，奠定了他词坛大家的地位。

这个时期，他的入室弟子范开，将他的部分词作汇编成集，取名《稼轩词甲集》。这是辛弃疾出的第一本书。

古人出书不易。词人作词时，有时随口吟出，大多数情况还是写在纸上。无论哪一种，都非常容易遗失、散落，能集中起来不容易。即便收集起来，需要一一校对、订正，按时间、按内容排序，还要手抄一遍，装订成册，这就很费一番功夫了，不是行家里手是做不来的。宋代已经有活字印刷，所以装订成册的书稿付印，要刻字排版，又是一番功夫。更要命的是，活字印刷是稀缺资源，代价昂贵，一般文人无法承受其代价。苏轼这样的大文豪，也印不起自己的册子，而是由他的粉丝、当朝驸马王诜组织人马收编校勘，赞助印刷。

出一本集子，是古代文人的人生大事。《稼轩词甲集》1188年刊印，是年辛弃疾四十九岁。

范开专门为《稼轩词甲集》作序，序中提到辛弃疾"挥毫未竟而客争藏去"，可见当时辛弃疾的词已经广为流传，成为人们争相收藏的艺术珍品。

辛弃疾词风延承苏轼一派，被称为豪放派。但辛弃疾并非有意学习苏轼，而是他要表达的感情，决定其词作主流风格豪放。他的词风，不是学习来的，是自然流露，达到了内容与艺术的高度融合。譬如，他渴望抗金北伐，所以才有"金戈铁马，气吞万里如虎"这样的豪健之语；他回忆青年时战场杀敌的场景，所以才会"壮岁旌旗拥万夫""少年横槊，气凭陵"的气势轩昂之作。

辛弃疾与苏轼都曾任高官，但遭遇不同。苏轼因诗惹祸，险些命丧乌台，而后多次被贬，置身于蛮荒之地，只好用乐观的态度彻悟人生，所以他的豪放中透露着超脱和旷达。

辛弃疾没有遭受太多人生磨难，但家仇国恨，郁结于胸，其志向难以实现，这使他的很多词作充满忧愤悲壮的色彩。"西北望长安，可怜无数山"，"江南游子，把吴钩看了，阑干拍遍，无人会，登临意"。读这些词作，让读者感到心酸而壮烈。

然而，辛弃疾词作绝非只有铁血的一面，很多时候也柔情似水。他有一些写女子相思的词，就格外秾丽：

清平乐

春宵睡重，梦里还相送。枕畔起寻双玉凤，

半日才知是梦。

一从卖翠人还,又无音信经年。却把泪来作水,流也流到伊边。

温婉秾艳,哪里有大英雄气概,分明是耽于情爱的少年公子。

还有那首《青玉案》,它们的风格似乎更接近婉约词。

辛弃疾的乡情词清新脱俗,别有一种风情。无论是"七八个星天外,两三点雨山前",还是"携竹杖,更芒鞋,朱朱粉粉野蒿开",抑或"大儿锄豆溪东,中儿正织鸡笼。最喜小儿亡赖,溪头卧剥莲蓬",都充满了生活情趣。

辛弃疾与苏轼是宋词的两座高峰。词这种文体刚出现时,一般是歌咏闺怨闲愁,离殇艳情。政治、社会的重大题材,则需要用诗去表达。到了苏东坡,大笔淋漓,墨浓意酣,没有题材不能入词,词的境界始大。苏轼对词的一大贡献,是用写诗的手法写词,以诗为词。辛弃疾在苏轼的基础上,进一步发展了词的艺术表现形式。在辛弃疾笔下,乡俗俚语可入词,如"些底事,误人哪。不成真个不思家";语气助词可写入词中,如"不知云者为雨,雨者云乎";问答也能入词,如"昨夜松边醉倒,问松'我醉何如'?只疑松动要来扶,以手推松曰'去'"。

当然，以文为词不仅表现在遣词用语上，还表现在句式、章法的散文化。

辛弃疾词的另一个特色是大量应用典故。以他最为著名的《永遇乐》为例，先后用了"孙仲谋处""寄奴曾住""元嘉草草""封狼居胥""赢得仓皇北顾""佛狸祠下""廉颇老矣"等典故，典故的密集程度，为其他词人所鲜见。

使用典故，致使大多数历史知识稍微薄弱的读者，离开注释就读不懂，因此许多人诟病他的词作。就在当时，一些学者、词人就颇有微词。岳珂曾当着他的面表达不满。他的超级粉丝、当时的词人刘克庄也说："近岁放翁、稼轩，一扫纤绝，不事斧凿，高则高矣，但时时掉书袋，要是一癖。""掉书袋"就是卖弄学问，故弄玄虚。

二十世纪倡导白话文后，历史离人们愈来愈远，典故也越来越难懂，许多人因此对辛弃疾望而生畏，确实影响了辛弃疾词作的普及。

但是，辛弃疾用典，是才学和心气自然勃发的结果。别人认为晦涩难懂的，对于他来说，只是随手拈来。只能说，辛弃疾确实读书较多，非常人所及吧。

另外，南宋因为偏安半壁江山，辛弃疾用典，也多选取中国分裂时的史实，如三国、六朝。如果了解了三国、六朝的掌故，阅读辛词障碍就会减少许多。

辛弃疾是南宋的词坛领袖，许多词人聚集在他的周围，词风和创作技巧受辛弃疾影响，被称为"辛派词人"。跟他有过交集的如陈亮、陆游、刘过、岳珂等，不管老幼，在作词方面都是他的"小跟班"。后辈词人如刘克庄、文天祥、汪元量、葛长庚、刘辰翁、吴潜、陈人杰等，继承辛词传统，属于辛派词后期传人。

刘克庄出生于 1187 年，当时辛弃疾正隐居带湖。刘克庄是后期辛派词人中成就最高的，由于长年贬官在外，被称为"江湖词人"。代表作品有《贺新郎·送陈真州子华》《沁园春·梦孚若》《玉楼春·戏林推》等。

刘辰翁出生时，辛弃疾已去世十五年。他对辛派词有继承，也有创新，词风清空疏越，不求藻饰，真挚动人。其词作留存数量位居宋朝第三，仅次于辛弃疾、苏轼，代表作品有《兰陵王·丙子送春》《永遇乐·璧月初晴》等。

辛派词人是南宋词坛的主要流派，闪耀着宋词的最后光辉。

辛派词人特别推崇辛弃疾，刘克庄评价他"公所作大声鞺鞳，小声铿鍧，横绝六合，扫空万古，自有苍生以来所无。其秾纤绵密者亦不在小晏秦郎之下。余幼皆成诵"。把辛弃疾词的两种风格总结得极其到位。现代词学家夏承焘先生则概括为："肝肠如火，色笑如花。"

朱熹的再传弟子徐元杰,将辛弃疾的作品喻为阳春白雪,世所共珍;将他的人品比喻为瓢泉的秋水,纯净清澈。

刘辰翁第一次系统地研究以苏轼和辛弃疾为代表的豪放词风。他极为赞赏辛弃疾的无一事不能入词,辛词的语言更是纵横恣肆,随手拈来。他说:"自辛稼轩前,用一语如此者,必且掩口。及稼轩,横竖烂漫,乃如禅宗棒喝,头头皆是;又如悲笳万鼓,平生不平事并厄酒,但觉宾主酣畅,谈不暇顾。词至此亦足矣。"

人们将苏、辛并论,对二人的高下也争论不休。金人元好问认为:"乐府以来,东坡为第一,以后便到辛稼轩。"

清代词人周济以稼轩"敛雄心,抗高调,变温婉,成悲凉",认为辛弃疾的成就高于苏轼。他说:"稼轩不平之鸣,随处辄发,有英雄语,无学问语,故往往锋颖太露。然其才情富艳,思力果锐,南北两朝,实无其匹,无怪流传之广且久也。世以苏辛并称,苏之自在处,辛偶能到之;辛之当行处,苏必不能到。二公之词,不可同日语也。"

"苏之自在处,辛偶能到之;辛之当行处,苏必不能到"成为辛弃疾的拥趸评论苏、辛时的经典用语。

一代词论家王国维,则不偏不倚:"东坡之词旷,稼轩之词豪。无二人之胸襟而学其词,犹东施之效捧心也。"

王国维一向看不起南宋诗词,独辛弃疾除外。他说:

"南宋词人,白石(姜夔)有格而无情,剑南(陆游)有气而乏韵,其堪与北宋人颉颃者,惟一幼安耳。""幼安之佳处,在有性情,有境界。即以气象论,亦有'横素波干青云'之概。宁后世龌龊小生所可拟耶?"

有趣的是,后人还形象地将辛弃疾比作"词坛飞将军""词中之龙"。

清代陈廷焯评:"词至稼轩,纵横博大,痛快淋漓,风雨纷飞,鱼龙百变,真词坛飞将军也。"除了词风,大概与辛弃疾创办过"飞虎军"有关吧。"辛稼轩,词中之龙也,气魄极雄大,意境却极沉郁。"龙是中华民族图腾,是神奇、尊贵的象征。被尊称为龙,是极其尊崇的评价。

辛弃疾真不愧为一代词宗。

参考文献

[1] 辛弃疾. 稼轩词编年笺注 [M]. 邓广铭, 译. 上海：上海古籍出版社, 2007.

[2] 邓广铭. 辛弃疾传·辛稼轩年谱 [M]. 北京：生活·读书·新知三联书店, 2017.

[3] 辛弃疾. 辛稼轩诗文笺注 [M]. 邓广铭, 辑校审订. 幸更儒, 笺注. 上海：上海古籍出版社, 1995.

[4] 辛弃疾. 稼轩集 [M]. 台北：文津出版社, 1991.

[5] 刘琳, 刁忠民, 舒大刚, 等. 宋会要辑稿 [M]. 上海：上海古籍出版社, 2014.

[6] 上海师范大学古籍整理研究所. 全宋笔记第五编五 [M]. 郑州：大象出版社, 2016.

[7] 上海师范大学古籍整理研究所. 全宋笔记第七编十 [M]. 郑州：大象出版社, 2016.

[8] 上海师范大学古籍整理研究所.全宋笔记第五编一[M].郑州：大象出版社，2016.

[9] 上海师范大学古籍整理研究所.全宋笔记第七编三[M].郑州：大象出版社，2016.

[10] 二十五史[M].郑州：中州古籍出版社，1998.

[11] 刘义庆.世说新语[M].朱碧莲，沈海波，译注.北京：中华书局，2022.

[12] 周汝昌，唐圭璋，叶嘉莹，等.唐宋词鉴赏辞典[M].上海：上海辞书出版社，1988.

[13] 全宋词[M].唐圭璋，编.北京：中华书局，2011.

[14] 徐梦莘.三朝北盟会编[M].上海：上海古籍出版社，2008.

[15] 李心传.建炎以来系年要录[M].辛更儒，点校.上海：上海古籍出版社，2020.

[16] 庄子[M].孙通海，方勇，译注.北京：中华书局，2015.

[17] 卢海涛.谢朓全集[M].武汉：崇文书局，2019.

[18] 张固，李濬，李绰，等.大唐传载（外三种）[M].北京：中华书局，2019.

[19] 薛用弱，谷神子.博异志集异记[M].北京：中华书局，1980.

[20] 陈亮.陈亮集[M].邓广铭，点校.石家庄：河北教育出版社，2003.

[21] 田浩.功利主义儒家[M].姜长苏，译.南京：江苏人民出版社，2020.

[22] 黄士毅. 朱子语类汇校 [M]. 徐时仪，杨艳，汇校. 上海：上海古籍出版社，2014.

[23] 楼钥. 攻愧集 [M]. 北京：中华书局，1985.

[24] 真德秀. 真西山先生集 [M]. 北京：商务印书馆，1937.

[25] 王恽. 玉堂嘉话 [M]. 北京：中华书局，2006.

[26] 周必大. 周必大集校证 [M]. 王瑞来，校证. 上海：上海古籍出版社，2020.

[27] 马端临. 文献通考 [M]. 上海师范大学古籍研究所. 华东师范大学古籍研究所，点校. 北京：中华书局，2006.

[28] 钟铭钧. 辛弃疾词传 [M]. 天津：天津社会科学院出版社，2019.

[29] 巩本栋. 辛弃疾评传 [M]. 南京：南京大学出版社，1998.

有 态 度 的 阅 读

微　博 小马BOOK　　抖音 小马文化　　　　全案营销 小马青橙工作室
公众号 小马文艺　　淘宝 小马过河图书自营店
小红书 小马book　　微店 小马过河图书自营店　投稿邮箱 xiaomatougao@163.com

图书在版编目（CIP）数据

辛弃疾传 / 郭瑞祥著 . —武汉：华中科技大学出版社，2023.5
ISBN 978-7-5680-9389-7

Ⅰ.①辛… Ⅱ.①郭… Ⅲ.①辛弃疾（1140—1207）－传记 Ⅳ.① K825.6

中国国家版本馆 CIP 数据核字 (2023) 第 061523 号

辛弃疾传　　　　　　　　　　　　　　　　　　　　　郭瑞祥　著
Xin Qiji Zhuan

策划编辑：	亢博剑　小　北
责任编辑：	康　艳
封面设计：	人马艺术设计·储平
责任校对：	刘　竣
责任监印：	朱　玢

出版发行：华中科技大学出版社（中国·武汉）　　电话：（027）81321913
　　　　　武汉市东湖新技术开发区华工科技园　　　邮编：430223

录　　排：北京东安嘉文文化发展有限公司
印　　刷：湖北新华印务有限公司
开　　本：880mm×1230mm　1/32
印　　张：10.75
字　　数：190 千字
版　　次：2023 年 5 月第 1 版第 1 次印刷
定　　价：45.00 元

本书若有印装质量问题，请向出版社营销中心调换
全国免费服务热线：400-6679-118　竭诚为您服务
版权所有　侵权必究